QUESTION D'AFRIQUE.

IMPRIMERIE D'HIPPOLYTE TILLIARD, RUE S.-HYACINTHE-S.-MICHEL, 30.

QUESTION
D'AFRIQUE

DE LA

DOUBLE CONQUÊTE DE L'ALGÉRIE

PAR LA GUERRE ET LA COLONISATION

SUIVI

D'UN EXAMEN CRITIQUE DU GOUVERNEMENT, DE L'ADMINISTRATION
ET DE LA SITUATION COLONIALE

PAR EUGÈNE BURET

Auteur de *la Misère des classes laborieuses*, et traducteur de
l'Afrique, par KARL RITTER.

Paris

CHEZ LEDOYEN, LIBRAIRE

Galerie d'Orléans, 31, Palais-Royal.

1842

La question d'Afrique, qui a donné lieu déjà à un si grand nombre de publications, est bien loin d'être épuisée, et, avant qu'elle soit comprise et résolue, elle inspirera encore, je l'espère, beaucoup de recherches et de travaux. Les ouvrages de ceux qui nous ont précédé, même les plus complets et les meilleurs, nous ont laissé beaucoup à dire, ainsi que pourront le reconnaître ceux qui nous feront l'honneur de nous lire : notre livre, fût-il aussi satisfaisant que nous le souhaiterions, laissera encore à ceux qui observeront après nous plus d'une tâche intéressante à remplir. La question d'Afrique est en cours d'expérience, et, pour ainsi dire, encore attachée sur le métier du temps : il suffit donc de venir après les autres pour en apercevoir et en décrire une face nouvelle.

Le livre que nous publions, s'il n'a pas d'autre mérite, diffère essentiellement, par le fond et la forme, de la plupart des ouvrages écrits sur l'Algérie. Nous ne connaissons qu'un seul travail conçu dans un but semblable à celui que nous avons eu en vue; c'est le *Rapport* de M. Blanqui *sur la situation économique de l'Algérie*, et nous avouons que notre intention a été de compléter et de continuer ce remarquable mémoire économique, sans toutefois prétendre égaler le talent d'exposition qui en a fait le succès.

Le présent ouvrage aura donc particulièrement le caractère d'un petit *traité d'économie politique et coloniale*, applicable à l'Algérie telle que nous l'avons vue et étudiée pendant une partie de l'année 1841. Nous n'avons point voyagé en Afrique pour demander à cette terre nouvelle des descriptions pittoresques et des souvenirs, mais seulement pour recueillir sur les lieux mêmes, si éloquents dans leur désolation et leur misère, les faits et observations propres à démontrer les idées politiques et coloniales que nous voulions exprimer. Notre unique préoccupation a été d'étudier la solution définitive d'une question immense, à laquelle l'honneur de notre pays est désormais indissolublement attaché !

Aussi, pendant tout le cours de son travail, la pensée de l'auteur s'est-elle particulièrement adressée aux membres des deux chambres législatives, qui tiennent renfermée dans leur urne le sort de cette grande question. Je ne sais si la bonne fortune de ce livre le conduira jusqu'à ceux auxquels il est adressé; notre plus grande récompense serait d'attirer un moment l'attention des hommes qui ont le pouvoir de sauver l'Algérie des hésitations trop prolongées de la France, et la France des ruineux embarras de l'Algérie.

Que les législateurs de la France se donnent la peine d'y réfléchir, et ils seront convaincus, comme nous, que la question d'Afrique est une solennelle et périlleuse épreuve imposée à nos institutions et à notre gouvernement; si cette épreuve n'est pas victorieusement surmontée, on sera en droit d'en conclure que nos institutions actuelles ne se prêtent pas à l'accomplissement des grandes choses. Quelle déconsidération à l'extérieur, quels dangers à l'intérieur résulteraient d'une aussi humiliante démonstration ! Si la terre d'Afrique reste encore longtemps rebelle et stérile, ce sera comme si nous déclarions au monde que désormais la France n'est plus capable d'efforts continus d'intelligence et de force, et que son gouvernement toujours en échec, vivant au jour le jour, n'a plus ni temps ni soins à dépenser pour la grandeur et la gloire du pays !

L'auteur désirerait d'autant plus obtenir l'attention des hommes politiques, qu'il croit avoir été favorablement placé pour bien voir et bien juger. N'ayant reçu d'autre mission que celle qu'il s'était lui-même donnée, habitué par des travaux antérieurs à observer les faits économiques, absolument désintéressé dans la question, il a pu facilement rester impartial entre les nombreux intérêts qui se disputent l'affaire d'Afrique pour l'embrouiller. Quelle qu'elle fût, la vérité devait être auprès de lui la bien venue, car c'est elle seule que poursuivaient ses recherches. Si les vérités que je crois avoir dites sont utiles, que l'opinion s'en empare et leur fasse porter fruit!

Paris, 17 janvier 1842.

PREMIÈRE PARTIE

DE LA CONQUÊTE DE L'ALGÉRIE PAR LA GUERRE
DU SYSTÈME D'OCCUPATION EN AFRIQUE
ET DE NOS RAPPORTS AVEC LES INDIGÈNES

CHAPITRE PREMIER.

Exposé de la Question d'Afrique. — Nécessité de la résoudre.

La question d'Afrique est devenue, par la marche naturelle des choses, la plus grande question de l'époque. Il y a quelques années encore, l'occupation d'Alger et des principales villes de l'ancienne Régence ne paraissait à beaucoup de monde qu'un épisode militaire, introduit dans notre histoire par un glorieux hasard, mais sans relation intime avec elle : aujourd'hui tout le monde regarde la question d'Afrique comme une question de salut public et d'honneur national ; tout le monde comprend que l'entreprise africaine, tant qu'elle demeure douteuse, compromet la puissance politique, et plus encore la puissance morale de la France. De plus, cette entreprise dans laquelle nous sommes si périlleusement engagés intéresse le mouvement général de la civilisation et le progrès de l'humanité.

Une force supérieure aux calculs des intérêts présents ou de la politique, un mouvement irrésistible, marqué évidemment du caractère providentiel, précipite vers l'orient les peuples et les idées de l'Europe. En ce moment, les grandes nations civilisées sont aux prises avec la barbarie ; on dirait qu'une immense croisade s'est organisée d'elle-même pour arracher à des races indisciplinées la plus belle partie de l'ancien monde, et conquérir à la civilisation des contrées nouvelles.

Dans ce travail providentiel, une tâche importante a été imposée à notre pays à son insu, malgré lui assurément (1), car il a été engagé dans ce mouvement à une époque où il eût voulu garder pour lui, et pour lui seul, toute son activité et toutes ses ressources. Mais les peuples, comme les individus, ne sont pas maîtres de leurs destinées! en attaquant Alger, la France croyait seulement venger une injure, détruire un repaire de pirates, et peut-être occuper une position maritime sur la côte d'Afrique; elle était loin de songer qu'elle entreprenait de fonder à ses frais une société nouvelle, d'arracher à des barbares une terre dévastée, pour la peupler, l'assainir et la cultiver! Elle ne se doutait pas que cette brillante conquête exigerait, pour être achevée ou seulement conservée, le sang ou la vie de cent mille hommes peut-être, une effrayante quantité de travail et d'argent, une armée de quatre-vingt mille soldats et un budget de cent millions! L'émotion

(1) On se rappelle que l'opinion libérale tout entière combattit jusqu'au dernier moment le projet de l'expédition d'Alger.

de la victoire ne permit pas de considérer la grandeur de la tâche qu'elle nous imposait, et dans la prise d'Alger, on ne vit qu'un triomphe de plus.

La nouvelle de cette victoire trouva la France en révolution. Le gouvernement qui avait conçu et ordonné l'expédition d'Alger venait d'être violemment expulsé, et un gouvernement nouveau se trouva chargé de recueillir et d'assurer les résultats d'une conquête dont il ignorait complétement le but et l'importance. La Restauration ne lui avait laissé d'autre renseignement sur cette grande entreprise que le bulletin de la victoire.

Attaqué chaque jour à l'intérieur par des partis irrités, occupé au dehors à se faire pardonner la complicité d'une révolution, le gouvernement de juillet n'avait d'autre pensée que celle de défendre et de préparer sa durée. L'idée de la conservation devint en lui exclusive; et tout ce qui ne se rattachait pas directement à ce grand intérêt ne lui parut pas digne de la moindre attention. Sans doute le rétablissement de l'ordre et la constitution d'un gouvernement régulier étaient alors l'un des premiers besoins de la France; mais nous aurons à regretter longtemps, que la prolongation de la lutte et la fréquence du péril aient habitué le pouvoir nouveau à juger de l'importance des choses par le rapport qu'elles ont avec sa sécurité et sa durée !

Dans des circonstances aussi défavorables, comment la question d'Alger dut-elle être accueillie ? Évidemment comme un embarras de plus, comme une diversion importune, et même comme un danger. C'était, disait-on, un legs funeste de la Restauration, et bien des gens conseillaient de bonne foi de refuser ce dangereux héritage. On l'accepta pourtant, ou plutôt on le subit comme une fâcheuse nécessité.

C'est qu'en effet il y aurait eu péril à prendre sur soi la responsabilité d'un pareil refus. L'opinion publique, exaltée par la révolution, s'enthousiasma pour la conquête d'Alger : elle avait blâmé l'expédition deux mois auparavant; on eût dit qu'elle enviait l'occasion d'une victoire à un gouvernement réprouvé par elle, et maintenant elle adoptait cette victoire avec autant d'amour que si elle eût été remportée sous le drapeau tricolore. Sans se préoccuper un moment des difficultés de l'entreprise, elle ne vit que les avantages du succès, et elle jugea que la conquête de l'ancienne Régence importait à la gloire et à l'intérêt de la France. L'opinion publique eut le tort de s'exagérer les avantages prochains de cette conquête, cela est vrai; mais avec toutes ses erreurs, elle avait encore raison, car elle était d'accord avec l'intérêt général du pays et les vues de la Providence. Elle s'abandonnait sans réserve, comme elle le fait toujours, à la passion des grandes choses, et plaçait la conservation de l'Algérie sous la protection de l'honneur national! Elle a rempli son rôle : grâce à elle, il est décidé, sans retour possible aujourd'hui, que nous saurons encore, à l'exemple de nos pères, travailler et souffrir pour l'avenir; il est décidé que nous n'agirons jamais à la manière des peuples dégénérés qui, sans foi et sans espoir, se replient lâchement sur eux-mêmes pour consommer dans l'inaction ce qui leur reste d'existence!

L'opinion gagnait la chambre, le gouvernement fut entraîné; il conserva la conquête, se mit à la continuer, mais comme s'il ne s'agissait que d'une affaire provisoire, sans plan arrêté, suivant l'exigence de l'opinion et la nécessité de chaque jour. Bientôt les grandes difficultés qu'il n'avait point étudiées se présentèrent à lui; il n'y était pas préparé, et ne sachant que faire, il leur opposa un empirisme vulgaire, envoya en Algérie onze gouverneurs et onze systèmes différents en onze ans, un personnel administratif organisé pour l'impuissance, et fit imprimer trois gros volumes in-8 d'arrêtés et d'ordonnances contradictoires.

Cette conduite incertaine, irréfléchie, au jour le jour, dans une entreprise dont le premier élément de succès était l'esprit de suite, la persévérance réfléchie, produisit pour tout résultat des charges toujours croissantes, des embarras de plus en plus inextricables; ce qui n'était qu'une difficulté ordinaire devenait bientôt un obstacle menaçant, et la volonté de la France, sa force militaire, ses sacrifices de tout genre, se trouvaient frappés de stérilité et d'impuissance. La chambre, qui accordait au gouvernement tout ce qu'il demandait pour l'Afrique, dans l'espoir de mettre à fin l'aventure, voyait chaque année la question d'Alger lui revenir plus embrouillée, plus insoluble et en même temps plus exigeante. L'opinion s'était promis merveille de la conquête africaine; elle passa du désappointement à l'irritation, et elle rendit le gouvernement responsable, non seulement des fautes qu'il avait commises, mais encore de l'exagération de ses espérances; elle alla jusqu'à supposer que la conduite maladroite du pouvoir était le résultat d'une préméditation coupable, qui avait pour but de préparer l'abandon de l'embarrassante conquête. Et cette explication accusatrice est encore celle que j'ai entendu donner le plus souvent en Afrique, de la stérilité de nos efforts.

De pareilles accusations sont plus dangereuses qu'on ne pense, et il ne suffit pas, pour les détruire, de s'engager en paroles, d'accepter dans des discours officiels le risque de l'entreprise; il faut agir avec assez de suite et d'intelligence pour que tout le monde reconnaisse au gouvernement la ferme résolution de bien faire. Le gouvernement et la dynastie sont directement intéressés à ce que le pays sorte promptement et glorieusement de la difficulté africaine : la facilité avec laquelle on admet toutes les explications qui les accusent doit leur servir d'avertissement; ils doivent comprendre par là que le pays n'est pas disposé à pardonner à ses chefs, si, par mauvais vouloir ou par impuissance, ils lui font perdre l'occasion d'exécuter de grandes choses!

Je me suis convaincu, en étudiant la question sur les lieux, qu'elle présente des difficultés immenses, et qu'elle exige, pour être heureusement résolue, tous les efforts dont une grande nation est capable; mais je me suis convaincu en même temps que, si l'Afrique ne promet pas au peuple qui la sauvera de la barbarie des avantages matériels immédiats et prochains, elle réalisera toutes nos espérances dans un avenir qu'il dépend de nous de ne pas trop éloigner, et augmentera dans le présent la force politique et morale de notre pays.

Que l'on regarde encore la question d'Alger comme un embarras ou comme une bonne fortune, la nécessité l'a trop solennellement posée pour qu'elle ne soit pas résolue; et ceux qui ont déconseillé l'entreprise à cause de ses périls et de sa grandeur, et ceux qui y ont applaudi, doivent réunir aujourd'hui leurs efforts, les uns pour triompher avec gloire de cette difficulté, dans laquelle l'honneur national est engagé, les autres pour conquérir à leur pays les brillants avantages qu'ils lui promettent. Il y a folie aujourd'hui à discuter la conservation ou l'abandon; le vrai patriotisme ne doit plus discuter que les moyens de conserver et d'utiliser la conquête. Dieu nous a choisis entre les peuples pour cette grande aventure; nous y refuser serait trahir à la fois les intérêts du monde et la gloire de la France!

CHAPITRE II.

Nature et but de l'entreprise africaine.

Maintenant qu'une inflexible nécessité nous tient liés au nord de l'Afrique, et que, sous peine de déchéance, nous devons, bon gré malgré, travailler et combattre sur cette terre indomptée, il importe, avant tout, de bien déterminer la nature et le but de notre établissement en Algérie. La France n'a épargné depuis onze ans ni l'argent ni les hommes pour assurer sa conquête ; et, après des sacrifices si énormes, après une effrayante consommation de forces vivantes, égale et même supérieure à celle qu'aurait exigé la conquête d'un royaume européen, elle a obtenu jusqu'ici des résultats si faibles, si incertains, qu'elle est prête à s'irriter de son impuissance !

A quoi cela tient-il? Le nord de l'Afrique serait-il condamné, comme on l'a prétendu, à une sauvagerie éternelle? Serait-il à jamais impossible de le restituer à la civilisation, et notre présence sur ce sol maudit ne devrait-elle être regardée que comme une folie ou un châtiment? Ces explications ne sont plus guère admissibles aujourd'hui : il est prouvé, pour qui veut être convaincu, que l'Afrique est cultivable, et que les Européens peuvent y vivre sans peine, en s'y préparant par le travail un commode séjour. A chaque pas que nous faisons dans notre conquête, nous retrouvons les témoignages de son ancienne prospérité ; partout où nous avons mis le pied, sur la côte, dans l'intérieur, nous avons rencontré la trace des Romains; et la vallée du Chéliff, les plaines de la Mina, de Hamza, de la Medjanah, font comprendre sans peine, par leur fertilité actuelle, que le nord de l'Afrique ait été pendant plusieurs siècles le grenier de l'Italie. L'Afrique des Romains est retrouvée; cela ne peut plus être mis en doute; il ne lui manque désormais que l'assistance d'un grand peuple conquérant et colonisateur !

Je suis loin de penser, on le verra dans la suite de ce travail, que la partie de l'Afrique qui nous est échue puisse être facilement rendue à la culture et à la civilisation; mais la tâche n'est pas impossible, si nous n'ajoutons pas par l'incertitude et la légèreté de notre conduite, aux difficultés qu'elle présente. L'insalubrité du climat, la résistance acharnée des Arabes, ont opposé jusqu'ici moins d'obstacles à notre établissement que nous n'en avons créés nous-mêmes. Ayant débuté en Afrique dans les circonstances les plus défavorables, nous avons été surpris et entraînés par les événements avant d'avoir eu le temps de connaître pays et le peuple au milieu desquels une sorte de hasard nous avait jetés; tout était imprévu, et rien dans ce qui se passait autour de nous ne pouvait nous révéler la nature et le but de l'entreprise. Que l'on passe en revue les noms des gouverneurs qui se sont succédés à Alger, et l'on sera bien convaincu que, jusqu'à la nomination du général Bugeaud, aucune réflexion, aucune idée suivie n'a présidé à la direction de la chose africaine. Que représentent, en effet, ces dix généraux qui ont passé en Afrique? Sont-ils les instruments d'une pensée que chacun d'eux vient appliquer et continuer? évidemment non; ce sont des individus qui se suivent par la date de leur nomination, mais qui ne représentent que l'inexpérience et l'incertitude du pouvoir. Aussi chacun d'eux a laissé à son successeur la question telle qu'il l'avait trouvée, avec quelques embarras de plus : aucun n'a pu rester assez longtemps en place pour connaître dans toute son étendue l'affaire qui lui était confiée; et ceux qui ont montré le plus de résolution et d'intelligence n'ont vraiment su en quoi consistait l'entreprise qu'au moment où ils allaient être rappelés. Si nous reprenions l'histoire des onze ans d'occupation, il nous serait facile de démontrer qu'il en a été des événements accomplis comme des chefs donnés à la conquête. Ces événements ne trahissent jamais une pensée d'ensemble, un plan arrêté; ils se suivent dans l'ordre où des circonstances imprévues les amènent, et le gouvernement même, lorsqu'il a l'air de les commander, ne fait que les subir.

Je sais bien qu'une question politique et sociale ne se résout pas aussi méthodiquement qu'un problème de mathématiques. Cependant, en politique comme dans les recherches de la science, on risque fort de travailler inutilement lorsqu'on ignore le but que l'on poursuit. Voilà onze ans que nous nous fatiguons en Afrique, sans trop savoir pourquoi; quoi donc d'étonnant si nous n'avons recueilli autre chose que la fatigue et la souffrance?

Pour obtenir des résultats utiles, il faut d'abord savoir bien exactement ce que l'on veut. L'activité sans but n'a jamais donné que du mouvement sans produit. Or, les expériences des onze ans d'occupation nous ont appris enfin ce que nous aurions dû savoir en commençant, et désormais l'ignorance ne pourrait plus s'expliquer que par la mauvaise volonté. La nature et le but de l'entreprise nous sont aujourd'hui révélés : hélas! il en a plus coûté à la France pour arracher à l'expérience ce seul enseignement, qu'il ne lui en eût coûté dans le principe pour l'appliquer!

Quelle est donc cette étrange entreprise qui semble défier toute la puissance de notre pays? S'agit-il d'une contrée nouvelle à conquérir, d'un peuple à soumettre, d'une colonie à fonder? Oui, il s'agit de tout cela à la fois; mais ce sol et ce peuple à conquérir, cette colonie à fonder ne ressemblent à rien de ce que nous connaissons; et la plus grande faute, celle que nous avons commise jusqu'ici, c'est d'avoir assimilé cette conquête et cette colonie aux choses que nous entendons ordinairement en Europe par ces deux mots.

La conquête du nord de l'Afrique n'a rien de commun avec les conquêtes ordinaires, telles que nous les concevons en Europe, qui se décident uniquement par des armées et des victoires. Nous verrons, dans le chapitre suivant, quelles sont les conditions de cette conquête; nous nous bornerons ici à démontrer que la domination sur le sol et sur les habitants, n'est qu'un moyen et non le but de l'entreprise. Si nous ne nous proposions d'autre but en Afrique que de conquérir la population arabe et de dominer sur elle, l'entreprise ne serait plus qu'une coupable folie, et l'intérêt, comme l'humanité, nous feraient une loi d'y renoncer au plus vite. En supposant, ce qui est impossible, que nous soumettions les habitants du nord de l'Afrique à la condition de peuple docile et tributaire, comme les Indous, par exemple, de quel avantage serait pour nous cette stérile domination? En ce moment, nous sommes à peu près maîtres de la province de Constantine : l'occupation militaire, qui n'est pas à beaucoup près ce qu'elle devrait être pour dominer réellement tout le pays, nous coûte environ 18 millions, et l'impôt levé sur les tribus soumises ne dépasse guère 600,000 fr. par an. Le caractère des populations à soumettre, leurs mœurs, leur genre de vie, leur religion, les protégeront pendant des siècles encore contre l'action directe et effective d'un peuple étranger. D'ailleurs, on ne profite d'une conquête qu'en exploitant un peuple par l'impôt ou par le travail : un pareil rôle convient-il à la France? N'envions pas à l'Angleterre ses 180 millions de sujets Asiatiques, qui paient au prix de tout leur travail, de toutes leurs sueurs, l'avantage d'être en contact avec un peuple civilisé! Je ne prétends pas que nous aurions la vertu de refuser des esclaves si nous en avions trouvé en Afrique; heureusement pour l'honneur et pour l'avenir de notre pays que nous n'avons pas eu à nous défendre d'une pareille tentation!

C'est une conquête légitime que nous poursuivons en Afrique, une conquête qui demande plus de dévouement que d'ambition. Il s'agit, non pas d'asservir un peuple, mais d'occuper, de cultiver, de sauver de l'insalubrité, de la solitude et de la barbarie, une portion de l'Ancien-Monde!

Il en est de la colonisation comme de la conquête. On entend ordinairement par colonie, l'exploitation d'un pays éloigné par des hommes aventureux, qui s'expatrient pendant quelques années dans l'espoir de faire une rapide fortune. Colonie et esclavage sont à peu près synonymes, car il faut à l'européen du travail à bon marché, des bras dociles pour arracher du sol les richesses qu'il convoite. Pensez-vous que Saint-Domingue, les Antilles, Bourbon, Maurice et les îles hollandaises auraient été aussi promptement mis en culture, si les colons avaient dû cultiver eux-mêmes ou par des européens les terres à café, à sucre et à épices? En Afrique, on n'a pas de travail régulier à attendre des indigènes, et celui qu'on achète aux immigrants aura pendant longtemps encore un prix si élevé, que le colon ne pourra guère produire que par son propre travail et celui d'une famille. La colonie africaine ne peut ressembler qu'à celles des anciens; je dirais à celles de l'Amérique du nord, si des différences que j'exposerai plus loin ne défendaient la comparaison : elle devra se composer non pas de spéculateurs aventureux et de passage, mais de familles qui viendront y chercher la propriété, du travail productif, une nouvelle patrie.

Enfin, et pour tout dire en un mot, le véritable but de l'entreprise africaine, celui qui seul promet une récompense à nos efforts, de la gloire à notre pays, c'est de peupler le nord de l'Afrique, de le féconder par le travail européen, d'ouvrir à la nation française, aux autres peuples civilisés, surtout à ceux de langue romane, comme l'Italie et l'Espagne, un champ nouveau d'activité, et peut-être un moyen de régénération !

La France a donc pour mission de présider à la formation d'une nouvelle nation civilisée, chrétienne, en regard de ses rivages, sur cette vaste étendue de côtes où, dans les anciens temps, la civilisation déployait au bord de la Méditerranée ses villes, ses palais, ses cultures, et comme une ceinture de peuples : entreprise immense, glorieuse entre toutes, dont la grandeur explique déjà les difficultés ! Aussi nous ne les dissimulerons pas, car on ne doit plus en avoir peur lorsqu'on envisage un but aussi grand.

Quant aux moyens qui doivent conduire à ce résultat, ils se résument en deux principaux, malgré leur infinie diversité : et ces deux moyens sont la *guerre* et *la colonisation*. Nous allons les examiner avec toute l'attention dont nous sommes capable en nous aidant de ce que l'étude des faits, l'observation des lieux, le commerce des hommes intéressés à l'affaire africaine et vivant dans le pays, ont pu nous apprendre sur la question.

CHAPITRE III.

De la Conquête de l'Algérie par la guerre. — Du Système d'occupation militaire propre à soumettre le pays.

Le sol que doit occuper le futur établissement européen, est habité, ou plutôt parcouru par des peuples dont le caractère, la religion et les habitudes repoussent énergiquement l'ordre civilisé. Deux races différentes de langue et d'origine, ennemies par conséquent, mais réunies contre nous dans une commune haine, nous disputent depuis onze ans la tranquille possession de quelques points de notre vaste conquête. La première représente les anciens habitants du nord de l'Afrique, foulés, mais non domptés par les conquêtes successives; ce sont probablement les Berbères, Numides et Gétules de l'antiquité, qui, confondus aujourd'hui sous le nom de Kabyles, occupent les gorges, les vallées et les hautes plaines des montagnes. Les Kabyles nous sont presque inconnus, et par ignorance, nous désignons sous le même nom des peuples de races diverses, de caractère opposé. La guerre que nous faisons en Afrique a eu peu d'action encore sur les Kabyles; nous avons seulement traversé sur un petit nombre de points les montagnes qu'ils habitent, et ils sont restés jusqu'à ce jour à l'abri de nos atteintes. Cependant, mêlés comme auxiliaires aux bandes de l'émir, ou maraudeurs pour leur compte, ils nous ont causé beaucoup de mal. Les Kabyles combattent généralement à pied : avides de butin, habiles aux embuscades, exaltés par un féroce courage plutôt que par le fanatisme religieux, ils opposent à l'établissement européen une résistance qui n'a pas encore été entamée : Bougie et Gigelly, situés dans le voisinage des montagnes où ils sont plus nombreux, sont constamment bloqués par les Kabyles depuis le jour où nous occupons ces deux points de la côte. Cependant, quoique plus grossiers en apparence et plus cruels peut-être que les Arabes, les Kabyles offrent plus de prise que les autres habitants de l'Afrique à l'action d'une puissance européenne. Il existe chez eux un commencement de propriété; les tribus ont des résidences fixes dans des villages et même des villes, où elles exercent quelques industries. Lorsque la guerre engagée contre la grande résistance arabe permettra de s'occuper des Kabyles, on doit espérer que le travail et les échanges de produits leur feront trouver avantage à vivre en bonne intelligence avec nous.

Les Arabes, conquérants de l'Afrique, vaincus à leur tour, et réduits à l'état de tributaires par quelques aventuriers turcs, composent le second groupe de peuples que nous avons à soumettre avant d'être tranquilles possesseurs d'un seul point de l'ancienne Régence. La conquête d'Alger par les Français a eu pour résultat d'affranchir les Arabes de la domination des Turcs et de toute autorité régulière, puisque nous n'avons pas su remplacer le gouvernement que nous avons expulsé. Le fils d'un simple marabout, profita avec une grande habileté et un rare bonheur, de cette vacance du pouvoir : il conçut le projet de fonder l'indépendance des Arabes, et de se créer pour lui-même un royaume et un peuple. D'abord simple *hadji* ou pèlerin de la Mecque, prédicateur influent et demi-prophète, bientôt Émir, puis Sultan, il a tenu en échec jusqu'à ce jour, pendant onze ans, la puissance d'une nation qui a vaincu l'Europe. Politique rusé, plutôt qu'homme de guerre, Abd-el-Kader a su tirer parti de notre ignorance, de nos incertitudes, et chose qu'on a peine à croire aujourd'hui, il nous a fait travailler à l'établissement de sa puissance sur les Arabes! Ces titres fastueux dont il se pare, c'est nous qui les lui avons donnés; cette puissance souveraine qu'il exerce sur une grande partie du nord de l'Afrique, c'est nous qui l'avons aidé à la conquérir! Personne n'a oublié qu'après le traité du général Desmichels, qui transformait le simple marabout en Émir ou prince des croyants, nous avons contribué à réduire les tribus qui refusaient l'autorité du nouveau maître! Et maintenant le moderne Jugurtha est devenu pour la France un ennemi sérieux, d'autant plus redoutable, que jusqu'ici il a su nous imposer tous les maux de la guerre en n'en prenant pour lui-même que ce qu'il lui convenait d'en subir. Il nous a forcés d'envoyer contre lui des armées nombreuses, sans jamais se laisser atteindre; il a fatigué, épuisé nos troupes à le poursuivre, et lorsque, par surprise ou nécessité, il a été battu par elles, il ne leur a laissé pour butin que la solitude, la soif et la famine. Les vainqueurs des plus beaux combats africains n'ont jamais recueilli d'autre prix de victoire que l'avantage de camper au milieu de stériles broussailles, sous un ciel ennemi, à la fraîcheur des nuits, à l'ardeur d'un soleil dévorant!

Est-ce que la guerre d'Afrique serait un éternel combat sans victoire, une lutte sans fin contre la fatigue, la fièvre et la mort? Non, et heureusement, depuis les dernières expéditions, il est démontré par des faits que la guerre d'Afrique, comme toutes les guerres, peut se terminer par le succès; seulement cette guerre ne ressemble à aucune autre, et ce qui, dans d'autres entreprises, assurerait la victoire, n'amènerait ici que l'impuissance et la défaite. Mais il ne faut pas oublier que rien n'est facile en Afrique, et qu'avec le meilleur système, le succès définitif pourra se faire longtemps attendre. Le prophète des Hachems, un petit chef de tribus nomades, tient encore en suspens les destinées de la France, et tant qu'il restera debout, tout établissement européen sur la côte d'Afrique sera impossible!

Au premier aspect, la guerre africaine ne semble pas une bien lourde affaire pour une nation comme la nôtre. Le peuple qu'il s'agit de soumettre n'est pas capable, en réunissant toutes ses forces, de résister à une colonne française de cinq à six mille hommes, si elle est bien conduite; il nous est facile avec de petits corps d'armée, de parcourir impunément le pays; et cependant cette guerre où des armées de cinq mille hommes sont sûres de la victoire, exige un déploiement de forces aussi considérable et plus de dépenses, que n'en exigerait peut-être la soumission d'un pays à grandes armées. Nous avons pour nous la supériorité de la discipline, des armes, des manœuvres, nous avons pour nous la force, et cependant, en opposant à cet ennemi, si faible en apparence, une armée de quatre-vingt mille hommes, il nous faudra encore beaucoup d'habileté, beaucoup de persévérance, pour en triompher!

La nature du pays, le caractère et les habitudes des indigènes nous créent dans cette guerre des difficultés immenses, dont la plus grande, celle qui les résume toutes, est d'avoir affaire à un ennemi insaisissable, fluide, comme on l'a dit avec raison, qui se montre partout et ne se laisse jamais atteindre. En Afrique, la guerre est une course, une sorte de chasse furieuse, dans laquelle il nous faut de nombreux relais d'hommes, toujours alertes, toujours prêts à la poursuite. Dans un pareil pays, opérer avec une seule armée, mettre en marche toutes ses forces à la fois sur un même point, ce serait comme si, dans une chasse, on lançait toute la meute en masse, au lieu de la ménager en un certain nombre de relais, disposés de façon à lasser à la fin la bête poursuivie.

Les Arabes ne nous disputent pas sérieusement la possession du pays, en opposant la force à la force; ils nous empêchent de nous y établir tranquillement par des attaques qui ne sont que de la maraude et du brigandage. Toute leur force consiste dans leur mobilité; ils sont pour nous insaisissables, se dérobent à tous nos coups et nous abandonnent l'espace. Ils ont pour habitation une tente qui se plie et se dresse en une heure, pour patrie la croupe d'un cheval ou le dos d'un chameau, comme disent leurs poëtes, et ils fuient devant la force qui pourrait les dompter; mais, comme le pays est vide, ils reviennent, et vaincus dans cent bulletins, ils nous harcellent toujours. Ils ne possèdent point de centre de population indispensable à leur existence; la perte de leurs villes n'est un mal que pour ceux qui les habitent, et l'occupation de ces villes n'assure aucune espèce d'influence sur le pays. A l'exception de la prise d'Alger, la conquête des villes de la Régence ne nous a donné pour butin que des malades et des morts, et l'hôpital a été jusqu'ici la seule récompense des vainqueurs. Le nord de l'Afrique, incessamment parcouru par des tribus nomades, n'offrant aucun centre d'intérêts politiques et commerciaux, cultivé sur un petit nombre de points souvent très éloignés les uns des autres, refuse toute espèce de ressource à une armée d'invasion. Ici une armée ne peut vivre que de ce qu'elle apporte avec elle; souvent le soldat ne trouve pas même de bois pour faire cuire sa maigre pitance. On n'est presque jamais maître de sa route, car il faut gagner chaque jour un bivouac où il y ait de l'eau, un camp où l'on espère pouvoir faire manger les chevaux. Ajoutez à cela la rigueur d'un climat qui interdit les opérations à nos troupes pendant plus d'une moitié de l'année; songez à la difficulté des transports dans un pays rudement accidenté, à peine connu, sans routes praticables aux voitures, sans chemins, et vous aurez une idée des principales difficultés de la guerre d'Afrique, des fatigues et des privations qu'elle impose à notre armée.

Heureusement que de ces difficultés mêmes ressortent les conditions du succès. Après dix ans de fautes et d'efforts impuissants, la guerre d'Afrique nous a livré son secret, qu'il n'eût tenu qu'à nous de lui dérober plus tôt, car il est le même aujourd'hui qu'il était du temps de Marius, de Jugurtha et de César. Occuper d'une manière permanente et effective les grandes positions stratégiques qui sont la clef du nord de l'Afrique, choisies de manière à servir de point de départ à des colonnes actives, qui pourront ainsi, en quelques jours de marche, se porter aux extrémités du pays à soumettre; parcourir à l'aide de ces relais militaires la plus grande étendue de terrain possible, à l'époque des semailles et de la récolte; attaquer énergiquement l'ennemi dans le seul intérêt fixe, saisissable par lequel il nous donne prise sur lui, l'intérêt agricole; lui rendre ainsi l'existence difficile, malheureuse, jusqu'à ce qu'il reconnaisse notre force et se soumette, telles sont les conditions de succès dans la guerre d'Afrique. Je suis heureux de dire qu'elles sont parfaitement d'accord avec les plans du général Bugeaud, tels qu'ils les a exposés dans ses écrits, tels qu'il essaie en ce moment de les appliquer avec une activité, une vigueur qui lui mériteront assurément la reconnaissance du pays. Ce que le nouveau gouverneur de l'Algérie a déjà fait nous garantit que, si on lui accorde les moyens nécessaires, il mènera à heureuse fin cette guerre d'exception, qui, conduite comme elle l'a été jusque là, aurait été une guerre éternelle.

Parlons maintenant du système d'occupation, qui a donné lieu en France à des discussions si animées.

Toute conquête exige l'occupation permanente des centres principaux de population, de force et de richesse, qui sont comme les organes de la vie d'un peuple. On a vu des nations perdre leur indépendance en perdant leur capitale, et tomber comme un homme frappé au cœur, à la discrétion du conquérant, après la perte d'une seule bataille et la prise d'une seule ville. En Afrique, il est évident que l'occupation ne saurait avoir de pareils résultats. Le peuple que nous voulons soumettre ressemble aux créations imparfaites de la nature animée; arrêté dans son développement à un degré inférieur, il ne possède pas ces nobles organes dans lesquels est centralisée la vie. Pour en être maître, il faut le frapper sur plusieurs points à la fois ; autrement le ver mutilé rejoindrait toujours ses anneaux.

L'occupation en Afrique doit donc, comme la guerre, se modifier suivant la nature du pays, le caractère et l'état social des peuples qui l'habitent. Ce n'est pas une occupation simple, qui s'indique d'elle-même, mais une occupation compliquée et difficile. A défaut de centres politiques et commerciaux, qui n'existent pas ici, il faut choisir des positions stratégiques qui commandent les passages importants et puissent servir de points de ravitaillement et de départ aux colonnes qui doivent assurer la soumission des tribus.

Un homme d'état éminent a dit à la tribune : « Il n'y a pas deux manières d'être en Afrique ; la France ne peut et ne doit y être que grandement. » Cette parole, que nous citons de souvenir, exprime une vérité de haute importance. Si M. Thiers avait mieux connu la question, il aurait démontré à la Chambre, par les faits, que la fameuse discussion, si longtemps prolongée, entre l'occupation restreinte et l'occupation étendue, n'était qu'une stérile dispute de mots. En effet, que voulons-nous en Afrique? Détruire la résistance que nous opposent les indigènes et dominer le pays. Or, il n'y a pas à choisir en fait de domination. En chassant les Turcs, nous avons pris l'engagement de remplacer le pouvoir détruit; nous succédons aux souverains du nord de l'Afrique, et qu'est-ce qu'une souveraineté qui ne s'exerce pas tout entière? c'est, il faut l'avouer franchement, l'abandon de la conquête.

Les partisans de l'occupation restreinte ont, à plusieurs reprises, exposé leurs plans : ils occupent certaines villes de la côte, quelques points de l'intérieur, et s'enferment prudemment dans les limites qu'ils ont tracées. Cette occupation ne vaut pas les frais qu'elle coûterait; car elle est sans avenir, sans espérances, et d'ailleurs, les faits l'ont condamnée. C'est l'occupation des Espagnols à Oran, à Alger, à Bougie, à Tunis, qui n'a laissé d'autres traces sur la côte africaine que des forteresses, des murailles d'enceinte, protection inutile, humiliants témoins de l'impuissance d'un peuple qui n'a pas su garder, parce qu'il n'a pas su conquérir! J'ai vu et admiré les immenses travaux des Espagnols à Mers-el-Kébir, à Oran et à Bougie; j'ai lu, sur les pierres de forteresses colossales, des inscriptions superbes et les plus grands noms de l'Espagne, ceux de Ximenès, de Pierre de Navarre, et de Charles-Quint, et je me suis demandé comment un peuple qui avait fait de telles choses avait pu être chassé de l'Afrique par des barbares. Rien n'est plus simple pourtant. Une forteresse a beau être imprenable; si elle est éternellement bloquée, si elle n'est, pour ses défenseurs, qu'une prison, un hôpital et un tombeau, elle doit nécessairement se rendre un jour. Une guerre qui n'est et ne peut être que défensive, doit lasser à la fin la persévérance la plus obstinée. Quel peuple soutiendrait le rôle de combattre toujours à la même place, sans avancer d'un pas, sans jamais pouvoir atteindre l'ennemi ? Et tel est pourtant le rôle que l'occupation restreinte donnerait à la France ! Dans le système de l'occupation restreinte, on n'occupe pas pour dominer, mais seulement pour occuper tel ou tel point. Or, comme rien ne se rattache aux points d'occupation en Afrique, comme ils n'exercent aucune influence sur le pays, cette occupation est en pure perte, elle ne donne rien, elle ne promet rien. Si un pareil système était adopté, il y aurait crime et folie à jeter tant d'ossements d'hommes et tant de travail sur la terre africaine, puisque cette précieuse semence devrait être à jamais perdue ! Heureusement que l'occupation restreinte, fût-elle décidée, serait d'une application impossible.

Deux peuples seulement ont occupé l'Afrique d'une manière effective et durable : les Romains et les Turcs. Nous savons que les Romains ont complétement soumis la province africaine par la double conquête de la force et de la colonisation. Partis de Carthage au IIe siècle avant notre ère, ils ont marché et combattu jusqu'à ce que leurs aigles eussent parcouru et soumis tout le pays, et à chaque station de ce voyage héroïque, ils ont laissé derrière eux une colonie. L'Afrique domptée devint entre leurs mains d'une fécondité merveilleuse : elle leur fournit en abondance des richesses, des soldats et de grands citoyens. A défaut de l'histoire, les monuments romains, qui couvrent encore le nord de l'Afrique de leurs débris, attesteraient assez éloquemment la profondeur et l'étendue de la conquête. Ces monuments ne se composent pas de forteresses et de murailles à la côte, mais de rades, de quais, de ports, de magasins, d'établissements publics de toute sorte, de théâtres, de bains, de villes entières, comme à Jimmilah, dans la province de Constantine ; et ces nobles débris se rencontrent sur tous les points du pays. Quand on visite les prodigieux réservoirs d'eau construits par les Romains sur l'emplacement de Stora, de Rusicada (Philippeville) et d'Hippone, on reconnaît que ce ne sont pas seulement des occupants d'un jour qui ont passé par là, mais qu'un peuple civilisé, puissant par la force et le travail, un grand peuple dominateur a vécu en ces lieux !

Les Turcs n'ont pas soumis l'Afrique aussi complétement, aussi glorieusement que les Romains : leur conquête s'est bornée à la conquête brutale, à la domination par la force, et cependant ils ont duré des siècles, et ils seraient encore les maîtres du nord de l'Afrique, si nous ne les avions pas expulsés. Les Turcs n'étaient que des aventuriers, des oppresseurs; ils n'ont rien fondé et ne se sont pas même multipliés. Comment donc ont-ils si longtemps gardé le pays? Parce qu'ils ont su dominer, parce que, de Constantine à Alger, Arabes et Kabyles avaient été forcés de reconnaître leur autorité. Cette autorité était souvent méconnue, mais quiconque la contestait un moment était exposé à une répression terrible : une organisation militaire toute spéciale, née de la nécessité même, portait rapidement la justice d'Alger jusqu'aux extrémités du territoire conquis (1).

(1) Voir pour l'organisation militaire des Turcs, l'ouvrage curieux de M. Walsin d'Esterhazy.

L'histoire de la domination des pirates algériens en Afrique, trop peu connue encore, contient pourtant de précieux enseignements à notre usage. Un aventurier ou corsaire turc s'empare d'Alger en 1516. A peine maître de cette ville, nous voyons le corsaire franchir hardiment les murs de sa conquête pour soumettre le pays. Au bout de quelques mois, il est à Tlemcen, à l'extrémité de la future Régence. Le tributaire qu'il y a installé est chassé par les Arabes coalisés avec les Espagnols d'Oran; Aroudj court de nouveau à Tlemcen, comme si, de la soumission de cette ville, dépendait la durée de son pouvoir. Il est repoussé, poursuivi à travers une immense étendue de pays par les tribus insoumises, et il périt dans cette fatale retraite. Cet exemple détournera-t-il Khaïreddin, le frère d'Aroudj, des lointaines entreprises? Voudra-t-il se contenter de la possession d'Alger et de quelques positions de la côte? Son instinct de conquérant lui a révélé qu'il ne pouvait rester en Afrique qu'à la condition d'y être le maître. Aussi, lorsque l'insurrection de Ben-el-Kadi et la trahison d'un de ses lieutenants ramènent sa domination aux murs d'Alger, Khaïreddin désespère, et il abandonne la conquête. Bientôt, redevenu puissant par ses courses de pirate, il reparaît devant Alger, et cette fois il dompte la résistance arabe et châtie les rebelles. Toute l'histoire des Turcs se compose d'une série non interrompue d'expéditions militaires, toujours entreprises pour maintenir la domination dans toute son étendue. Comme ils n'avaient fait qu'à moitié la conquête du pays, seulement par la force, comme ils ne l'avaient ni peuplé, ni cultivé, ils étaient condamnés à une guerre éternelle.

Mais, de ce que la domination générale du nord de l'Afrique doive être le but de nos efforts, s'ensuit-il que nous soyons obligés d'occuper une multitude de points à la fois? Et, si nous ne sommes partout, ne serons-nous maîtres nulle part? En un mot, l'occupation en Afrique n'a-t-elle pas ses règles et ses limites?

L'occupation ne saurait être son but à elle-même; dans un pareil pays, où la possession d'une ville et d'un point quelconque du territoire n'assure aucun avantage direct au vainqueur, occuper pour occuper serait une folie. Le but de l'occupation est évidemment de dominer une certaine étendue de pays dans le voisinage de la position occupée. Transporter des soldats sur un point quelconque de l'Afrique et les y laisser enfermés dans des murailles et des blockhaus, ce n'est pas faire de l'occupation étendue, mais de l'occupation inutile ; et c'est celle-là qu'il aurait fallu combattre avec énergie dans l'opinion et dans les chambres, car elle a été jusqu'ici le plus grand fléau de la conquête. D'un autre côté, borner l'occupation aux points importants où nous pouvons concentrer assez de forces, non seulement pour défendre notre drapeau, mais pour agir librement au dehors et frapper l'ennemi sur son propre territoire, ce n'est pas, je pense, adopter le système de l'occupation restreinte, mais bien faire de l'occupation utile, mais bien travailler à la conquête. Conçoit-on qu'il nous ait fallu dix ans et plus pour comprendre des idées aussi simples? Conçoit-on que pendant dix ans l'occupation inutile, celle qui annule, immobilise, détruit par l'inaction toutes les forces destinées à la conquête, ait régné presque exclusivement en Afrique ? En 1839, à l'époque de la grande insurrection arabe, nous n'étions pas capables de mettre sur pied trois colonnes de cinq mille hommes, avec un effectif de cinquante mille soldats ! Nous étions attaqués par des cavaliers agiles, dont toute la force consiste dans la rapidité avec laquelle ils peuvent se porter à l'endroit choisi pour l'attaque, et nous n'avions à leur opposer que des garnisons, tout juste assez fortes pour défendre leurs retranchements. L'armée d'Afrique occupait plus de quarante postes, disséminés par toute la Régence, dont une vingtaine autour d'Alger, et ces vingt postes retranchés, on ne le sait que trop, n'ont protégé contre la dévastation et l'assassinat que l'espace de terrain qu'ils occupaient. Avec un pareil système, cent mille hommes n'auraient jamais raison de la résistance arabe, et l'on aurait l'étrange et humiliant spectacle d'une armée française, aussi dure aux fatigues, aussi brave aux périls que nos glorieuses légions impériales, menant une guerre sans résultat et sans gloire, une guerre éternelle, contre une poignée de barbares! Je suppose en Afrique cinquante postes occupés chacun par une garnison de mille hommes : pour maintenir les communications entre ces postes, les ravitailler, évacuer les malades, il faudra à peu près un nombre d'hommes égal à celui des garnisons fixes ; que restera-t-il pour faire tête à l'ennemi s'il se présente? Voilà donc une grande armée française bloquée, annulée, par quelques milliers d'Arabes, et les prétendus conquérants réduits au rôle d'assiégés! Cette déplorable situation militaire a été la nôtre en Afrique ; elle l'est encore sur quelques points.

Lorsque le général Bugeaud prit le gouvernement de la conquête en espérance, le premier acte de son pouvoir fut d'ordonner l'évacuation d'une douzaine de postes dans la province de Constantine, de plusieurs camps, établis à grands frais, comme celui du Fondouk, qui avait coûté 600,000 fr., dans les environs d'Alger. Cette mesure intelligente, cet acte de salut public, fut accueilli d'abord par une réprobation unanime : on y voyait la mise en pratique du système de l'*occupation restreinte*, la ruine de la colonie. Les faits ont prouvé que cette évacuation était l'heureux début d'un système meilleur, d'un plan bien conçu, qui, s'il est exécuté, assurera la conquête de l'Afrique, autant qu'elle peut l'être seulement par les armes. En effet, si le nouveau gouverneur n'avait pas rendu à la guerre active, aux marches et aux combats les garnisons immobilisées dans les camps, aurait-il pu organiser, comme il l'a fait, trois colonnes d'expédition, capables de parcourir le pays et de faire sentir enfin les maux de la guerre à nos ennemis? Avant l'évacuation, le commandant de la province de Constantine ne pouvait pas trouver, dans une armée de plus de 12,000 hommes, une colonne active de 1,500 soldats; après l'évacuation, nous avons vu le général Négrier se mettre en campagne à la tête d'une armée de 6,000 hommes, et aller jusqu'à Eamsilah à 60 lieues de sa capitale, en faisant partout acte de domination. Les opérations simultanées des deux colonnes du général Baraguay d'Hilliers et du général Bugeaud, ont plus avancé la guerre d'Afrique

que toutes les expéditions des années précédentes. Je suis loin d'accuser les autres gouverneurs de la stérilité de leurs efforts ; je crois qu'il ne faut accuser ici que la commune ignorance. En ce moment, les faits l'ont dissipée, et il suffit de mettre le pied en Algérie ou de suivre les événements avec attention, pour connaître, avec une claire évidence, les vrais principes qui doivent nous diriger dans l'occupation africaine.

Au commencement du mois d'août 1841, je visitai Bougie et Gigelly, deux points importants de la côte où nous faisons, à grande consommation d'hommes et d'argent, de l'occupation inutile. Bougie, vue de la mer, se présente sous un aspect agréable : elle est assise sur un coteau verdoyant, au bord d'un golfe en demi-cercle, couronné de montagnes imposantes ; les maisons sont entrecoupées de bouquets d'arbres ; une vallée gracieuse, couverte de magnifiques oliviers, entoure la ville, que domine, à droite, la masse escarpée et toute nue du mont Gouraya. Bougie a été autrefois une ville très importante, comme on peut en juger encore par l'immense étendue de la vieille enceinte, et par les travaux gigantesques qu'y ont exécutés les Espagnols. Sous la domination française, Bougie n'est pas autre chose que la prison et le tombeau d'une garnison de 1,500 hommes. Bougie est occupée depuis 1833, et, après huit ans d'occupation, nous ne dominons pas au delà de la portée des balles de nos soldats. Nous sommes exactement au même point que le jour de la conquête, et la manière dont nous nous sommes établis nous défend à jamais de faire un pas. La France a placé là des soldats pour s'y défendre et soutenir un siége perpétuel. Sept blockhaus, dont le premier part de la plage, à portée de canon des murailles, entourent la ville et lui servent de ceinture; plusieurs forts, dont un au sommet du Gouraya, complètent la défense, et, avec ces précautions, le drapeau de la France ne court pas risque d'être enlevé. Chaque blockhaus demande une garnison de 25 hommes; le service intérieur et celui des forts porte environ la garde de chaque jour à 400 soldats ; réduisez l'effectif d'un tiers pour tenir compte des maladies, et il vous restera à peine 500 hommes à mettre en marche contre l'ennemi : une seule tribu des Kabyles qui habitent les environs de la ville, la tribu des Mezzaia suffit pour bloquer la place et nous condamner à une perpétuelle défense. La garnison a vu son commandant massacré sous ses yeux, au blockhaus de la plage, sans avoir pu encore le venger. Etait-ce la peine, je le demande, de porter là le drapeau de la France pour l'exposer au mépris des barbares, qui le tiennent depuis huit ans en état de siége ?

Et aucune espèce d'avantages n'est résulté pour nous de cette occupation qui nous a coûté plus cher en huit ans que ne coûterait peut-être la conquête effective de tout le pays des Kabyles, dans le voisinage de Bougie. Nous avons sacrifié des hommes et de l'argent pour affaiblir notre influence sur ce point de l'Afrique ; car, aux yeux des indigènes, la force immobile, la force qui n'agit pas, ne peut sembler que de la faiblesse. Je ne doute pas que la seule présence de nos bateaux à vapeur et un petit vaisseau de l'État, en station permanente devant Bougie, ne nous eût acquis plus d'influence que l'occupation de la ville. Avant 1833, nous faisions quelque commerce avec Bougie, qui était alors le débouché extérieur du pays des Kabyles; depuis que nous y sommes, toutes les relations ont cessé, les habitants de la ville ont disparu ou ont été ruinés par notre présence; nous y avons gagné moins de quatre cents Européens, colons de passage attirés par la consommation de l'armée. En mars 1841, après huit ans d'occupation, la population européenne de Bougie s'élevait au chiffre de trois cent soixante-neuf habitants!

Mais, dira-t-on, Bougie est une position importante; c'est la clef du pays des Kabyles; elle est presque aussi rapprochée de Sétif que Philippeville l'est de Constantine, et si une communication était ouverte entre ces deux points, elle pourrait préparer la soumission de tout le pays. Alors Bougie vaut la peine d'être occupée, j'en conviens, mais seulement dans le cas où l'on serait décidé à opérer sérieusement la conquête du pays des Kabyles. Alors, si vous voulez faire quelque chose de Bougie, l'occupa-

qui consiste à garder des blockhaus, ne suffit plus : il faut, dans ce cas, recourir à la véritable occupation, à l'occupation effective, à celle qui fournit le moyen de dominer un pays. Au point où en sont les choses, il est urgent ou d'évacuer la prison dans laquelle nous nous sommes renfermés, ou de la transformer en une position militaire respectable, d'où notre drapeau puisse sortir, tenir glorieusement la campagne, et marcher, les plis au vent, à la rencontre du drapeau que nous avons porté à Sétif! Il est de sagesse vulgaire que, dans toute entreprise, la première condition de succès est de faire les choses complétement et en temps opportun. Comment donc une nation, intelligente et forte comme la nôtre, a-t-elle commis la faute de se contenter d'un semblant de conquête, acheté plus cher que la véritable conquête, d'agir au hasard en employant la moitié ou seulement le quart de la force nécessaire pour obtenir le résultat de l'action? Est-ce qu'un esprit de malice ou de folie aurait présidé jusqu'ici à l'entreprise africaine?

A Gigelly, situé à quelques lieues de Bougie, à l'extrémité orientale du même golfe, même système d'occupation ; seulement les conséquences de ce malheureux système s'y présentent sous un aspect hideux, plus repoussant encore pour le cœur que pour la raison. Gigelly est un misérable village de Kabyles, formé d'un amas confus de pierres dérobées à des ruines, entassées sans mortier, de manière à former des clôtures et des espèces de cavernes. Il paraît que Gigelly n'était pas plus brillant à l'époque de l'expédition du duc de Beaufort, en 1664, car le récit de cette expédition, conservé dans un manuscrit de la Bibliothèque royale, décrit ainsi l'aspect de la conquête de Louis XIV : « Les maisons étaient si vilaines et si épouvantables, que l'on pouvait à peine croire qu'elles eussent été habitées par des hommes (1). »

Le maréchal Vallée, encouragé sans doute par les beaux résultats obtenus à Bougie, ordonna l'occupation de Gigelly. Dans quel but? quelle était l'urgence et l'utilité de cette entreprise? On ne le sait. L'histoire nous apprend

(1) Voyez *Histoire d'Alger*, par Ch. Rotalier, t. II, p. 530, note 2.

seulement que des soldats furent transportés à Gigel, un magnifique bulletin rédigé, des blockhaus construits, et un embarras de plus ajouté à la conquête africaine. La garnison de Gigelly se composait, à l'époque de mon passage, d'environ huit cents à mille hommes, et les maladies avaient rendu ce nombre si insuffisant pour le service des postes et blockhaus, que les soldats à peu près valides étaient obligés de monter la garde plusieurs jours de suite. Des marais, voisins de la ville, rendent cette situation malsaine; les soldats n'ont d'autre logement que des baraques en bois ou des trous dans les pierres; Gigelly enfin, au moment où je le visitai, était un hideux cloaque où pourrissaient des hommes. Plus de moitié de la garnison avait la fièvre; un vaste hôpital, inachevé mais déjà rempli, ne suffisait pas à les contenir. La veille de mon passage, les Kabyles étaient venus enlever des bœufs dans l'intérieur des blockhaus, et on n'avait pu réunir que soixante-douze hommes pour marcher contre eux : tout le reste était à l'hôpital ou enfermé dans les machines de bois.

Environ neuf cents indigènes sont restés à Gigelly. Privés de communication avec l'intérieur, ils sont réduits à la misère la plus affreuse ; les enfants vaguent comme des chiens affamés dans les ruelles, bordées de murs éboulés : ils demandent l'aumône en criant et en s'offrant à la prostitution ! Telle est l'occupation de Gigelly. Des soldats français sont exposés à une mort à peu près certaine, à des souffrances sans profit pour le pays, sans gloire pour eux, dans l'unique but de garder des blockhaus, leur prison, et un hôpital, leur tombeau !

L'évacuation de Gigelly serait un acte d'intelligence et d'humanité ; elle rendrait à la guerre active, à la vie, un millier de pauvres soldats inutilement enterrés dans ce tas de pierres immondes. Mais, objectera-t-on, Gigelly possède un avantage précieux en Afrique, une jetée naturelle, formée par huit cents mètres de roches, qui ne laissent entre elles que d'étroits intervalles faciles à remplir, et avec peu de dépense on aurait là une excellente station pour nos navires. Je suis loin de contester l'avantage des rochers de Gigelly, et je serais heureux que nous en tirassions prochainement tout le parti possible. Mais est-il nécessaire pour cela d'occuper incomplétement un point inutile, et l'établissement d'une station maritime dans la rade de Gigelly ne nous assurerait-elle pas suffisamment la possession de cette côte? Telle qu'elle est, l'occupation de Gigelly est inutile et désastreuse, il faut s'en débarrasser au plus vite, et la transformer en occupation maritime. Celle-là coûtera moins, ne fera mourir personne et produira plus d'avantages; avons-nous à choisir?

La conséquence de cette longue discussion est qu'il ne nous convient de faire en Afrique que de l'occupation utile, qui soit un énergique moyen de domination et de conquête. L'occupation passive est toujours et partout un mal en Afrique; l'occupation active seule est un bien, parce qu'elle est une force. On sait assez maintenant ce que nous entendons par l'occupation utile ou active, et il nous suffira de quelques mots pour tout dire.

En Afrique, nous le répétons, la guerre est

une course, et des marches exécutées avec ensemble, dans le pays ennemi, sont des victoires. Le seul moyen d'en finir avec les Arabes, c'est de les attaquer sur le sol même qui les fait vivre, dans leurs moissons et leurs pâturages, puisqu'il n'est guère possible de les attaquer dans leurs personnes. Mais nous savons que le pays, dans l'état où l'ont réduit douze siècles de barbarie, n'offre aucune ressource à une armée. Par conséquent il nous est impossible de tenir longtemps la campagne, et nous sommes exposés à être vaincus par les fatigues et les privations avant d'arriver sur le territoire où nous devons faire acte de domination et de force. Il faut donc à nos colonnes des points fixes sur lesquels elles s'appuient, où elles se ravitaillent, déposent leurs malades, prennent des troupes fraîches, afin de devenir, à l'aide de relais bien disposés, aussi agiles, aussi infatigables que leurs ennemis. L'expérience a démontré que nos troupes franchissaient sans peine, avec une rapidité assez grande, une distance de vingt-cinq lieues; mais là s'arrête à peu près l'action effective de nos soldats, et, au delà de ce rayon, l'ennemi est suffisamment protégé contre eux par les fatigues qu'il faut subir avant d'arriver jusqu'à lui. Nous ne pouvons donc soumettre le nord de l'Afrique, le tenir sous l'action de notre force militaire, sans occuper des postes fixes, assez bien garnis pour commander dans un rayon de vingt-cinq lieues, et communiquer librement entre eux. Il est évident que la grande occupation est seule capable d'obtenir ce résultat : nous ne saurions trop le répéter, l'occupation morcelée en Afrique, c'est de la force perdue. Je suppose que l'on se décide, par exemple, à relier Bougie à Sétif, comme on a voulu relier Constantine à Bône et à Philippeville; faudrait-il recommencer le malheureux système de l'occupation morcelée, et établir entre ces deux points six ou sept camps fortifiés? Evidemment, si on approuve les idées que nous essayons d'exprimer, le meilleur moyen de dominer effectivement le pays entre Sétif et Bougie, serait de concentrer dans l'un de ces deux points une force assez grande pour parcourir librement et en tout temps la distance qui les sépare. Avec une colonne de quatre à cinq mille hommes, on peut aller partout où l'on veut dans un rayon de vingt-cinq à trente lieues ; avec des camps fortifiés on ne peut que se défendre sur les points occupés, à condition de n'en pas sortir. Quand il y aurait entre Sétif et Bougie six camps de mille hommes de garnison chacun, il n'en faudrait pas moins une escorte respectable pour conduire un convoi de la mer au poste de l'intérieur, car dans l'intervalle de quatre ou cinq lieues qui séparerait les postes occupés, on pourrait rencontrer toute la masse ennemie et avoir besoin de toutes les forces disséminées dans les six camps de la route. Ne vaudrait-il pas mieux emmener toute sa force avec soi et passer librement en maître et en vainqueur? Qu'est-ce qu'une conquête organisée à l'état défensif, une conquête qui s'enferme dans des retranchements, et qui s'interdit l'offensive? Serions-nous venus en Afrique pour apprendre à soutenir des siéges et à monter la garde?

Dans une brochure publiée en 1838 (1), le

(1) *De l'Établissement de légions de colons militaires en Afrique.* — Voir aussi une petite brochure intitulée : *Lettre d'un sous-lieutenant de l'armée d'Afrique à son oncle, vieux soldat de l'empire.*

général Bugeaud a exposé sommairement les vrais principes de la guerre africaine. A cette époque, où l'on s'exagérait dans l'opinion la facilité de l'entreprise d'Alger, les idées du général Bugeaud firent peur, et comme l'auteur était de ceux qui regrettaient de voir la France engagée dans une pareille conquête, on regarda son plan militaire comme un argument dirigé contre les partisans de l'Algérie. La Chambre tout entière se récria lorsque le député d'Excideuil vint lui dire, avec son intrépide franchise, que la conquête du nord de l'Afrique exigerait une armée de cent mille hommes. Les ennemis seuls de l'Algérie applaudirent à ces paroles, et l'opinion, partageant le sentiment de la Chambre, accueillit sévèrement l'expression un peu rude d'une vérité désagréable. Le tort du général Bugeaud était d'avoir, à un très haut degré, le sentiment de la grandeur et des difficultés de l'entreprise, pendant que nous nous en exagérions la simplicité. Maintenant que M. Bugeaud est chargé de conduire la guerre d'Afrique et d'organiser la conquête, il doit avoir le sentiment de la nécessité de cette conquête à un aussi haut degré qu'il avait, en 1338, celui de sa grandeur. Je lui ai entendu prononcer en Afrique ces paroles, que je crois bonnes à redire : « J'ai toujours regretté que mon pays se fût engagé aussi imprudemment dans cette immense affaire d'Afrique; mais aujourd'hui, au point où en sont les choses, nous serions déconsidérés entre les peuples, si nous ne la menions à glorieuse fin. » Les faits ont prouvé, d'ailleurs, que le général Bugeaud avait la sérieuse intention de travailler effectivement à la conquête; et quiconque l'a vu à l'œuvre dans son difficile commandement, reconnaîtra que le nouveau gouverneur accomplit sa mission avec énergie et dévouement. Nous tous, qui souhaitons ardemment que la France triomphe de la difficulté où elle est engagée, nous qui nous applaudissons de ce que la Providence nous ait imposé la nécessité de travailler à une grande chose, notre premier devoir est de mettre en dehors des passions politiques la question que nous voulons servir. Le système d'occupation et d'expéditions isolées, qui a régné jusqu'ici en Afrique, n'a produit que l'immobilité et l'impuissance. Voici un nouveau système plus intelligent, qui veut et promet davantage ; j'ai vu ce système vigoureusement pratiqué avec un commencement de succès, et j'ai regardé comme un devoir pour moi d'en provoquer l'entière et décisive application.

D'après le plan du général Bugeaud, la conquête du nord de l'Afrique, pour être sûrement effectuée, demanderait l'action combinée de six colonnes mobiles, trois dans l'intérieur et trois à la côte, chargées des ravitaillements et des transports ; ces colonnes, s'appuyant sur des postes intérieurs fortement occupés comme Tlemcen, un poste dans la vallée du Chéliff, Millianah, Médéah, Sétif, Constantine, et quelques points correspondants à la côte, devraient en quelques campagnes assurer à la France la domination générale du nord de l'Afrique, sinon la soumission absolue de toutes les tribus. Comme l'exécution de ce plan exige des moyens supérieurs à ceux qui ont été accordés jusqu'ici pour l'Afrique, le général Bugeaud propose, dans sa brochure, de remplacer la conquête simultanée, la plus rapide et la plus sûre, par la conquête partielle, plus lente et plus incertaine, avec trois colonnes seulement qui devraient alors se ravitailler elles-mêmes, et perdre ainsi des forces et un temps précieux pour la guerre active. Aujourd'hui, dans l'état où sont les choses, c'est un devoir pour le général Bugeaud de demander au Gouvernement les moyens nécessaires pour dompter promptement et complétement la résistance contre laquelle nous nous épuisons depuis onze ans. Consacrer à une entreprise nécessaire moitié seulement de la dépense et de la force qu'il faudrait pour l'accomplir, c'est là une déplorable économie, qui, si elle était souvent répétée, ruinerait bientôt un peuple; une conquête faite à moitié est une conquête à recommencer chaque jour. On sait ce que nous a coûté le système appliqué jusqu'aujourd'hui; comparés à ses résultats, les frais sont cent fois plus ruineux que ne l'eût été la dépense complète, si on eût su bien l'employer. Le nœud de la question est là. Le seul moyen de sortir glorieusement de l'affaire d'Afrique, c'est d'y travailler avec un ensemble énergique, en concentrant dans des efforts décisifs tous les moyens nécessaires pour arriver au succès. Nous combattons et nous souffrons depuis dix ans ; et avec le même système, nous combattrions et nous souffririons un siècle encore, sans être plus rapprochés de la fin de l'entreprise !

En fait de conquête, le système le plus économique est celui qui va le plus vite. Chaque année nous sommes obligés d'augmenter malgré nous le chiffre de l'armée d'Afrique ; il dépasse aujourd'hui quatre-vingt mille hommes. C'est là, assurément, un lourd fardeau pour le pays ; c'est là surtout un détournement de forces qui pourrait devenir un grand danger en cas de guerre européenne. Raison de plus pour en finir au plus vite, dût-il nous en coûter davantage. Les dépenses suivies de résultats ne ruinent jamais un peuple ; ce qui ruine un peuple, ce qui l'affaiblit, c'est une dépense stérile, parce qu'elle est insuffisante ; ce sont des sacrifices incomplets qu'il faut répéter à chaque instant et toujours sans succès. J'aurais moins peur des cent mille hommes et des cent millions du général Bugeaud, si, comme j'en ai la conviction, ces énergiques moyens terminaient promptement la difficulté, que d'un modeste budget de trente mille hommes et de trente millions, qu'il faudrait voter pour l'éternité, sans espoir d'en rien obtenir.

Une foule de considérations nous commandent d'agir vite et grandement dans la guerre d'Afrique. Nous ne sommes pas maîtres du temps; et notre situation politique nous oblige de faire en quelques années un travail que, dans d'autres circonstances, il nous serait loisible d'accomplir en un demi-siècle. Qui sait combien d'années encore durera la paix du monde! Ces considérations ont déjà été présentées, et il suffit de les indiquer pour qu'elles frappent tous les esprits. Il en est une autre, non moins importante, que je crois utile d'exposer ici.

Il ne faut pas oublier que la conquête d'Afrique n'est pas de celles qui peuvent s'exécuter complétement par la guerre. Si des expéditions bien combinées et bien conduites anéantissent en peu de temps la résistance générale des indigènes, et les obligent de reconnaître notre force, ces expéditions n'auront jamais le pouvoir de nous soumettre complétement le sol africain. Nous avons une double conquête à opérer, celle des indigènes par la force et la politique, celle du sol par le travail ou la colonisation. On est même autorisé à dire que nous ne serons réellement maîtres des tribus africaines, que le jour où nous aurons pris possession du sol par la colonisation. Nous avons à faire en Afrique ce que les Européens ont fait dans le nord de l'Amérique. Lorsque les émigrants s'établirent dans le nord de l'Amérique, ils rencontrèrent une population indigène aussi mobile et plus hostile encore que les Arabes, à laquelle ils furent obligés de disputer le pays. Mais ce n'est pas uniquement par la force militaire que la civilisation a repoussé et détruit les sauvages dans l'Amérique du nord, c'est surtout en rétrécissant l'espace dont ils avaient besoin pour se mouvoir et pour vivre, en peuplant le pays, et en opposant ainsi à l'ennemi, sur tous les points, des groupes de population assez consistants pour intimider les maraudeurs. Lorsque la colonisation, entreprise en grand, aura déclaré la même guerre aux Africains, ils n'auront d'autre choix que de se soumettre ou de fuir. En un mot, à la différence des pays civilisés où la conquête de la population entraîne nécessairement celle du sol, en Afrique, c'est la conquête du sol par le travail qui devra entraîner la soumission absolue de la population.

Or, cette glorieuse conquête du travail est impossible tant que durera la guerre. L'armée n'a pas seulement pour mission, en Afrique, de marcher et de combattre. C'est à elle, à elle seule, comme nous le verrons plus loin, qu'est imposée la tâche d'exécuter les grands travaux qui doivent préparer l'établissement d'une population utile sur la terre conquise. Jusqu'à ce que la grande résistance arabe soit domptée, l'œuvre de la colonisation restera languissante ; et malgré tous les efforts possibles des colons et de l'administration, elle ne pourra répondre aux espérances du pays.

Mon ignorance des choses de la guerre ne m'a permis d'entrer dans aucun détail d'application, et j'ai dû me contenter d'exposer simplement les principes, tels que le bon sens et l'observation me les avaient présentés. Pour traiter la question d'une manière complète, il me faudrait parler encore de l'organisation de l'armée d'Afrique et de son administration. Ce sujet a été traité d'une manière satisfaisante dans plusieurs ouvrages, et tout le monde est à peu près d'accord sur la nécessité d'avoir en Afrique une armée spéciale, acclimatée, pourvue de tous les moyens nécessaires pour résister aux rigueurs du climat et aux fatigues de la guerre. Le malheureux système d'incertitude qui a frappé de stérilité tous nos efforts en Afrique, a fait plus de mal à l'armée que la sévérité du climat, que toutes les fatigues et les privations réunies. L'occupation morcelée, la dissémination des troupes dans une multitude de camps, ont tué plus d'hommes que les plus sanglantes batailles. Un sentiment d'effroi a saisi la France, lorsque, pour la première fois, on lui a présenté la liste funèbre des martyrs de l'occupation africaine; que serait-ce si toute la vérité était connue, si toutes les misères, toutes les infamies des blockaus et des baraques de bois nous étaient révélées! Après dix ans d'occupation, nous n'avions en Afrique ni casernes ni hôpitaux. Encore aujourd'hui, le plus grand hôpital militaire, celui du Dey à Alger, qui contient jusqu'à trois mille malades, ne se compose que de baraques de bois. Presque toutes les troupes couchent encore sous la toile ou sous les planches, et il est démontré qu'un pareil casernement est la cause la plus active des fièvres et de la mort! La première condition de salubrité, en Afrique, est d'habiter sous un toit, entre d'épaisses murailles, et le système d'occupation adopté ne pouvait donner à nos soldats que des logements éternellement provisoires! A Oran, où j'ai vu avec un vif plaisir un casernement de cavalerie admirable, on a remarqué que les soldats logés au quartier de la Mosquée présentaient beaucoup moins de malades que les troupes baraquées sous les planches; à Alger, l'atelier des condamnés, si sagement créé, si parfaitement administré par le colonel Marengo, fournit, dans les temps ordinaires, dix fois moins de malades et de morts que les déplorables campements de nos soldats; et cependant les condamnés couchent dans des espèces de caves où le jour pénètre à peine; mais le seul fait d'être abrités par des voûtes en pierre les sauve de la mort. Je sais d'ailleurs que, malgré la rigueur de leurs travaux, en plein air, en plein soleil, ils ont de grands avantages hygiéniques sur les troupes en campagne; mais n'est-il pas déplorable que des criminels se portent mieux et meurent infiniment moins que des soldats casernés (1)?

Maintenant que la grande occupation permanente va remplacer l'occupation morcelée et provisoire, c'est un devoir pour le gouvernement d'assurer à l'armée d'Afrique des caser-

(1) Je dois à l'amicale obligeance du colonel Marengo un tableau statistique fort curieux de l'état sanitaire des condamnés, placés sous sa vigoureuse et intelligente direction. Au mois de janvier 1840, la moyenne des hommes à l'hôpital avait été de 1 sur 91; en février, 1 sur 95; en mars, 1 sur 68; en avril, 1 sur 87; en mai, 1 sur 151; en juin, 1 sur 93; en juillet, 1 sur 39; en août, 1 sur 35; en septembre, 1 sur 29; en octobre, 1 sur 22; en novembre, 1 sur 30; en décembre, 1 sur 39.

Ce tableau ne prouve pas seulement l'excellent état

nements convenables, qui réunissent toutes les conditions de salubrité. Il est temps de mettre un terme à l'effroyable consommation d'hommes des campements africains ; nos soldats supportent avec un admirable courage les dangers et les fatigues d'une guerre sans exemple : que l'administration combatte pour eux la fièvre et la mort ! Le système de nos approvisionnements laisse beaucoup à désirer, surtout en Afrique, et des faits scandaleux, parvenus à la connaissance du public, parlent assez haut de la nécessité d'une sérieuse enquête et d'une réforme. Plusieurs comptables de l'armée d'Afrique sont, en ce moment, entre les mains de la justice, prévenus de concussion au détriment du trésor et des subsistances de l'armée.

sanitaire de l'atelier des condamnés ; il nous fait connaître l'intensité de l'action du climat. De juin à juillet, la proportion des malades fait plus que doubler ; en octobre, elle est sept fois plus forte qu'au mois de mai. On peut mesurer assez exactement les influences climatériques sur les condamnés ; car ils travaillent en plein air, et sont exposés, pendant les chaleurs, à tous les dangers de l'insolation.

Il est de notoriété publique que l'administration d'un hôpital en Afrique ou celle d'une partie des subsistances de l'armée, ont été pendant longtemps de sûrs et rapides moyens de fortune. Non seulement il faut réprimer ces désordres, mais en détruire la cause. L'administration de l'armée d'Afrique a pour chef un homme d'une haute probité, qui a le rare privilége d'être loué et estimé par tout le monde; si M. Appert n'a pas protégé l'administration des vivres et hôpitaux contre les accusations qui l'ont frappée, c'est le système qui est défectueux, et c'est lui qu'il faut réformer.

CHAPITRE IV.

De nos rapports avec les indigènes; — Des habitants des villes occupées, Maures, Juifs, Kabyles; — Des Arabes de l'intérieur.

La conquête d'Alger nous a mis en contact avec des peuples étrangers, séparés de nous par la différence d'origine, de traditions, de religion, de langage et d'habitudes, et qu'il nous faut pourtant réduire à l'obéissance et même discipliner. Les indigènes du nord de l'Afrique se divisent, dans leurs rapports avec nous, en trois classes : 1° ceux qui reconnaissent forcément ou volontairement notre autorité, comme les habitants des villes occupées et quelques tribus placées sous notre action directe ou indirecte, comme la plupart des tribus de la province de Constantine et celles, en bien petit nombre encore, qui ont reconnu notre domination dans le reste de la Régence ; 2° les indigènes insoumis, mais à peu près paisibles, qui, soit à cause de leur éloignement, soit par indifférence, n'ont pris encore aucune part à la guerre sainte ; 3° les indigènes hostiles, animés contre nous par le fanatisme religieux et plus encore par leur répugnance pour toute autorité.

Jusqu'à ce jour nous n'avons pas été plus heureux dans nos rapports politiques avec les indigènes, que dans nos entreprises de guerre et de colonisation. Tout se tient dans la question d'Afrique, et une partie de la tâche négligée ou mal accomplie rend tout le reste impossible. Ici encore nous avons agi au hasard, sans connaître suffisamment ce qu'il y avait à faire, parfois et de loin en loin avec une énergie apparente qui n'était que l'emportement de l'impuissance, la plupart du temps avec un laisser aller tout passif, jamais avec une volonté suivie. Un jour nous caressions les indigènes et leur accordions libéralement des faveurs qui leur étaient odieuses ; le lendemain le système de compression et d'isolement remplaçait le système de rapprochement et de fusion. Notre politique, ballotée ainsi entre deux extrêmes, ne pouvait inspirer aux indigènes que de la répulsion, lorsqu'elle voulait faire de la domination et de la rigueur, ou du mépris, lorsqu'elle était faible. C'est un fait à remarquer que, dans nos rapports avec les habitants de notre conquête, nous n'avons jamais été bienveillants sans être dupes.

La première faute, celle qui a entraîné les conséquences les plus fâcheuses, remonte au jour même de la prise d'Alger. Le maréchal Bourmont, maître absolu des conditions, a voulu être généreux au nom de la France, envers la ville conquise. Il a garanti aux habitants, comme à la milice turque, la sûreté des personnes et le respect de toutes les propriétés.

Si la capitulation accordée à la ville des pirates n'était que généreuse, je n'y verrais qu'une gloire de plus ajoutée à celle de la conquête; mais cette capitulation a été une faute d'une portée immense, car elle nous a fait perdre, aux yeux des indigènes, tout le prestige de la victoire. En effet, assimiler la ville d'Alger et la propriété africaine à une ville européenne, à tous les droits de la propriété européenne, c'était abdiquer sans profit les priviléges de la souveraineté, telle qu'elle était comprise en ce pays, où la propriété individuelle n'existait pas en principe. En la créant subitement, sans transition, nous accordions aux habitants d'Alger un bienfait auquel ils n'étaient pas suffisamment préparés, et nous ouvrions la porte aux plus criants abus. Et ce n'est pas tout encore, la capitulation d'Alger nous faisait plus généreux que nous ne pouvions l'être, et nous nous exposions ainsi au reproche de manque de foi, que nous n'avons pas tardé à mériter. Cette ville où toutes les propriétés étaient garanties par une convention solennelle, n'avait pas une seule rue praticable au matériel d'une armée européenne; il fallait pour s'y établir en démolir une partie, et précisément celle où les propriétés avaient le plus de valeur : l'intérêt même de la conservation et de la défense l'exigeait. Dès la première année on abattit quelques centaines de maisons, sans indemnité préalable, et même sans constater l'étendue, l'emplacement et la valeur des propriétés démolies, tant on était pressé de s'ouvrir passage! Les expropriés réclamèrent; on leur promit une indemnité dont il était devenu impossible d'établir le chiffre; mais comme on n'avait pas de fonds destinés à cet emploi inattendu, les propriétaires des maisons démolies, sans abri, la plupart sans moyens d'existence, durent attendre que le vainqueur fût en mesure de leur tenir parole! Et, après onze ans, ils attendent encore! Pour les aider à prendre patience, on leur distribue des aumônes sur les fonds de la Mecque et Médine (1).

(1) Le terrain sur lequel s'élève le magnifique hôtel Latour du Pin, place du Gouvernement, était occupé par un grand nombre de maisons mauresques dont les proprié-

Mais, pendant que la capitulation protégeait ainsi les propriétaires indigènes qui consentaient à vivre avec nous, les gens de mauvaise foi, les brocanteurs juifs, les Maures qui refusaient notre domination, en tiraient un excellent parti. Dans le premier moment, beaucoup d'habitants d'Alger avaient pris la fuite, abandonnant leurs maisons aux vainqueurs; ils revinrent vendre leurs propriétés, pour s'éloigner ensuite; d'autres donnèrent procuration à des juifs; en l'absence d'actes réguliers, on en inventa de faux; le métier de faussaire fut publiquement pratiqué, tout le monde y eut recours, et bientôt chaque immeuble eut un maître.

Le bénéfice de la propriété européenne fut promptement transporté des propriétés urbaines et de la banlieue à celles de l'intérieur, à beaucoup de terres qui n'avaient jamais été individuellement possédées. La ville de Blidah et

---

taires n'ont pas encore touché l'indemnité qui leur est due aux termes de la capitulation; et l'administration a vendu ce terrain 15,000 fr. de rente perpétuelle, qui lni sont exactement payés! On trouverait à Alger une multitude de faits de ce genre.

ses jardins d'orangers furent vendus deux ou trois ans avant que l'armée en eût pris possession; les Maures et juifs, profitant avec adresse de l'aveugle cupidité des Européens, leur vendirent et revendirent des terres et des maisons tant que la fièvre de la spéculation dura. Les spéculateurs ne prenaient pas la peine d'aller voir ce qu'on leur vendait, et d'ailleurs, cela était le plus souvent impossible ; tout ce qu'ils voulaient, c'étaient des titres quelconques de propriété qu'ils pussent revendre avec bénéfice sur le marché d'Alger, et on leur en offrit en abondance tant qu'ils en demandèrent. Il est vrai que beaucoup de ces titres ne représentaient que des domaines imaginaires, des propriétés déjà vendues, ou situées dans des lieux où l'acheteur ne devait jamais pénétrer (1). Cette ardeur de spéculation, qui rappelle les folies de la rue Quincampoix, était provoquée par le bon marché apparent des immeubles, et surtout par la

(1) J'ai vu à Alger, entre les mains d'une personne, dupe d'un courtier de propriétés, l'acte de vente d'une terre magnifique, à raison de 100 écus de rente perpétuelle, et de 2,000 fr. de pot de vin payés comptant et

séduisante facilité offerte aux acheteurs, qui, pour devenir propriétaires d'un immense domaine, n'avaient qu'à débourser un pot de vin et à souscrire l'obligation d'une rente. C'était une loterie où tout le monde voulut mettre : il n'est pas besoin de dire qu'à l'exception d'un petit nombre de lots heureux, ceux-là seuls qui tenaient le jeu y gagnèrent. Ainsi quelques années seulement après la prise d'Alger, tout le sol conquis par nos armes, tous les champs incultes et déserts sur lesquels devait s'établir la colonisation furent convertis en propriétés européennes. On sait assez aujourd'hui quelles conséquences sont résultées de ce fait, qui a donné à la terre d'Afrique des propriétaires avant de lui donner de la sécurité, de la salubrité et des travailleurs.

Voilà sous quels auspices de force, d'intelligence et de justice notre domination s'est présentée aux habitants du nord de l'Afrique !

non mentionnés au contrat. Cette terre n'avait que l'inconvénient d'être située sur l'Isser, au delà du Petit-Atlas, à 20 lieues d'Alger.

La population directement soumise par la conquête, loin d'être une richesse pour le vainqueur, n'a été jusqu'ici qu'un embarras et même un fardeau. Les Maures, qui formaient la majorité de la population indigène, sont, comme tout le monde le sait, un peuple mou, paresseux, déprimé moralement par la servitude, dont toute l'intelligence est employée au service de l'hypocrisie et de la ruse. Les Maures possèdent au plus haut degré le talent des êtres faibles, celui de l'intrigue, et ces hommes, que nous regardions comme des barbares, ont presque réussi constamment à nous faire jouer le rôle de dupes jusqu'au moment où nous les avons mieux connus. C'est d'eux que sont sortis ces personnages fameux en Algérie, comme les Bouderbah, les Ben-Omar et tant d'autres, qui ont si habilement exploité la bonne foi et l'ignorance de nos gouverneurs, et fait retomber sur nous, les conquérants, tout le mépris qu'inspiraient aux Arabes leur nullité et leur corruption. Mais le temps de ces fautes est heureusement passé, et si les Maures nous trompent encore, ce qui est plus que probable, du moins ils ne nous exploitent plus ; aucun d'eux n'exerce aujourd'hui d'influence politique à Alger.

Depuis la conquête, il s'est opéré dans la condition des Maures des changements qui méritent d'attirer toute notre attention. Déjà, en 1839, M. Blanqui les avait judicieusement signalés dans son *Rapport sur l'Algérie* (1); mais chaque jour la révolution sociale qui frappe la population maure dans ses habitudes les plus chères et dans ses moyens d'existence, devient plus violente, plus sévère. Notre présence a bouleversé toutes les fortunes ; le renchérissement progressif des denrées, résultat de la consommation européenne et de la suppression des échanges avec l'intérieur, a réduit à un état de gêne et même de détresse, le plus grand nombre des Maures qui vivaient d'un revenu plus que suffisant autrefois. Ceux qui vivaient de leur industrie ont été encore plus rudement frappés. Les Maures n'exercent à

---

(1) *Rapport sur la situation économique de nos possessions dans le nord de l'Afrique*, par M. Blanqui, p. 6 et 7.

Alger que les professions de luxe, celles qui ne demandent que de la dextérité et peu de mouvement, peu de dépense de force physique. Les métiers qui s'adressent aux besoins indispensables, comme ceux de meunier, de boulanger, de baigneur, etc., sont tous entre les mains des corporations de Biskris et de Kabyles. Les Maures font de la broderie, tressent de la soie, tiennent boutique, les jambes croisées, accroupis dans une case étroite, tout ouverte sur la rue, fumant la pipe à tuyau de jasmin, lisant plusieurs fois le jour quelques versets du Coran, après quoi ils savourent la douceur d'un pieux sommeil. De pareils travailleurs et une pareille industrie, sont-ils capables d'atteindre au prix des vivres nécessaires à l'entretien d'une famille, lorsque ce prix égale et dépasse même souvent le taux du marché européen?

D'un autre côté, l'émigration des familles indigènes qui ont conservé quelque richesse, enlève chaque jour à l'industrie mauresque ses plus précieux consommateurs. Maintenant que les familles aisées ont quitté Alger, où se préparent à le faire, qui achètera les sandales brodées de soie et d'or, les voiles, les bracelets, les parfums, toutes les inutilités du luxe indigène? L'indiscrétion et, je dois le dire, la brutalité de notre contact chasseront d'Alger tous les Maures qui pourront vivre ailleurs. Les Européens ayant acheté, dès les premiers temps de la conquête, toutes les maisons à vendre, il se trouve que les populations sont nécessairement confondues, au grand détriment des indigènes, qui ne peuvent vivre à côté de nous sans renoncer aux habitudes et même aux sentiments qui leur paraissent le plus respectables. Ce n'est ni la haine, ni la différence de religion qui les éloignent de nous, c'est le bruit, le mouvement, l'inquiétude que nous apportons avec nous. La maison du Maure est fermée au dehors; l'air et le jour lui viennent du ciel, et une solitude profonde entoure chaque famille. Celle de l'Européen, prend son jour sur la rue, et ceux qui l'habitent ne songent pas à respecter le mystère et la paix de la maison voisine; ils se promèneront à toute heure sur leur terrasse, sans s'inquiéter si c'est le moment où les femmes du Maure montent respirer un peu d'air libre; leurs regards curieux se plairont à interroger les secrets de l'habitation étrangère, et, comme les terrasses des maisons ne sont souvent séparées que par un pied ou deux de distance, ces secrets seront à chaque instant violés. La vie du Maure se trouve ainsi constamment troublée par le voisinage de l'Européen, et la paix domestique devient impossible. Je tiens du chef de la justice à Alger, qu'il se passe rarement un seul jour sans qu'il reçoive les plaintes d'un chef de famille indigène qui vient lui réclamer sa fille ou sa femme. Ces plaintes ne sont presque jamais suivies d'effet, parce que les musulmans n'ayant pas d'état civil, il est impossible de constater judiciairement si la fille est majeure ou mineure. Pendant mon séjour à Alger, du mois de mai au mois d'août 1841, il est à ma connaissance que 70 familles maures ont quitté la ville, et j'ai la certitude que toutes celles qui ne sont pas retenues par des emplois ou par la pauvreté, ne tarderont pas à nous quitter. C'est Tunis et les villes du Maroc qui s'enrichissent principalement de cette émigration.

Pour remédier à ce grave inconvénient, on a proposé de réserver le haut de la ville aux indigènes. Cette sage mesure, qui eût tout concilié dans le principe, est devenue aujourd'hui d'une application très difficile. Les Européens aisés, les commerçants n'ont jamais songé assurément à grimper les rampes escarpées de la haute ville; et, d'elle-même, cette classe de population s'est concentrée dans le bas de la ville, qui déjà est insuffisant pour la contenir; mais on est sûr qu'elle ne montera pas, et elle tend à s'échapper par les faubourgs Bab-Azoun et Bab-el-Oued, les seules issues qui lui soient ouvertes. Il n'en est pas de même de la population des journaliers, qui tend à monter, au contraire, dans le haut de la ville où les loyers sont à plus bas prix. Il faudrait, pour séparer convenablement les populations, racheter toutes les maisons du quartier haut qu'y possèdent les Européens, et je ne sais si on voudra prendre une semblable mesure.

On n'y a pas songé jusqu'ici; loin de là,

on a commis la faute de construire à grands frais une mosquée, au milieu même du quartier européen, dans la rue la plus bruyante d'Alger, la rue de la Marine. Peu à peu, les indigènes désertent la grande mosquée, où la prière est troublée par un tapage continuel. Je me rappelle avoir entendu plus d'une fois avec tristesse la voix du Muezzim, qui chantait la nuit l'appel à la prière du haut du minaret de la grande mosquée, grossièrement parodiée par des bandes d'ivrognes que l'heure de minuit chassait des cantines.

Mais si les riches s'en vont, les inutiles et les nécessiteux nous restent. En ce moment, la misère est telle parmi les indigènes, que nous distribuons 8,000 fr. par mois sur les fonds de la Mecque et Médine à *deux mille individus*. La population maure n'étant plus que de 12,000 ames environ, et beaucoup d'individus secourus représentant une famille, on peut en conclure que près de moitié de la population maure a besoin d'être assistée. D'ailleurs, cette misère se montre ici publiquement sous les formes hideuses de la mendicité et du vagabondage. A chaque pas vous entendez une voix de femme ou d'enfant qui quête l'aumône, et la police a besoin d'activité pour empêcher une foule de petits garçons et de petites filles de solliciter publiquement la charité ou la prostitution! Des troupes d'enfants vagabonds, presque nus, errent à toute heure dans les rues, et je regrette de n'avoir pu m'en procurer le chiffre qui doit être effrayant. Voilà donc la société africaine, qui commence comme finissent les sociétés, par le paupérisme, la prostitution et le vagabondage!

Les juifs sont, en Afrique, ce qu'ils devaient être en Europe au moyen âge, alors que l'oppression et le mépris les condamnaient à l'avilissement. Notre présence les a délivrés des avanies, mais elle n'a encore rien fait pour les relever. Nous les avons rendus libres, et, loin de nous en savoir gré, ils regrettent généralement le temps de la servitude, où, en échange du mépris et des mauvais traitements, ils possédaient le privilége de faire à peu près tout le négoce de la Régence. Outre la parenté religieuse, qui nous permet l'espoir d'un rapprochement dans l'avenir, cette population a pour nous l'avantage de savoir se soutenir elle-même. Elle ne cède pas lâchement, comme les Maures, à la fatalité, et, dans les circonstances les plus défavorables, elle sait trouver le moyen de vivre et même de se multiplier. En Afrique, comme dans l'Europe du moyen âge, le négoce est le seul genre d'industrie qu'elle puisse exercer; il est vrai que c'est le seul qu'elle paraisse vouloir embrasser. Mais cette vocation exclusive pour le trafic n'est pas le résultat d'une disposition naturelle et invincible; si la vocation du trafic est, pour ainsi dire, passée dans le sang du juif, c'est que, depuis l'anathème qui l'a frappé, le trafic a été pour lui le seul moyen d'acquérir et surtout de conserver. Exclue partout de la propriété, la nation juive n'a pu aspirer qu'à la possession des richesses mobiles, et cette nécessité est devenue pour elle comme une force de nature, une faculté de race. En France, lorsque l'émancipation des juifs eut renversé les barrières qui les isolaient de la grande communauté, on les vit passer peu à peu dans les diverses professions, à mesure que l'encombrement de la fonction commerciale les forçait de s'ouvrir d'autres issues. La vocation pour le négoce est demeurée prédominante, mais non exclusive. Une transformation pareille doit s'opérer en Afrique dans l'industrie des israélites. Par malheur, ils n'y sont pas préparés comme leurs coréligionnaires européens l'étaient à l'époque de la révolution, et je crains bien qu'il ne faille les contraindre à subir ce changement.

Déjà le trafic ne suffit plus à Alger pour faire vivre toute la population juive, et, dans l'état actuel de la colonie, le trafic et la domesticité constituent ses seules ressources. L'étonnante fécondité des juifs africains augmente encore leur détresse et ajoute à la nécessité d'une prochaine transformation industrielle. Les enfants juifs fournissent au vagabondage algérien un très nombreux contingent; les petits décrotteurs, qui sont en très grand nombre, les pauvres enfants qui courent après les chanceux emplois de la rue appartiennent presque tous à la race juive, qui menace ainsi d'embarrasser notre conquête d'une population parasite et même dangereuse. La population israélite, qui est d'environ 7,000 ames, a compté, en 1839, 698 individus arrêtés pour vol, tandis que la population européenne, qui dépasse aujourd'hui le chiffre de 15,000 ames, n'a compté que 392 individus arrêtés sous la même prévention. Cette proportion est énorme; si nous en croyons la statistique criminelle d'Alger, un individu sur dix israélites aurait été prévenu de vol en 1839! Pour les délits qualifiés d'escroquerie, on remarque la même proportion au désavantage des juifs. Dans la même année, il y aurait eu 44 Européens arrêtés pour escroquerie, 97 musulmans et 137 juifs, et ces derniers ne forment pas le quart des deux autres populations (1).

Il nous faut donc prendre en main la tutelle de cette malheureuse population, et l'aider à fran-

(1) Il est juste de dire que les juifs ne commettent pas de crimes contre les personnes. Dans la même année, 4 Européens et 3 musulmans ont été arrêtés pour assassinat; pas un seul juif n'a été mis sous cette prévention. Sous la prévention de coups et blessures, ont été arrêtés 16 Européens, 3 musulmans, mais pas un seul juif.

chir la transition qui doit la porter à un état meilleur. Mais c'est là une tâche longue et difficile qui demande à être conduite avec autant d'intelligence que de bon vouloir. Ne perdons jamais de vue ce précepte de bon sens, qu'on ne change pas les habitudes d'un peuple à volonté et par ordonnance, et gardons-nous, surtout dans cette œuvre, des dangers de la précipitation. On a proposé, comme moyen de rapprochement et de fusion, d'associer les israélites d'Afrique aux droits et aux devoirs de notre nationalité : ce serait déclarer que l'on a atteint le but avant d'avoir rien fait pour s'en rapprocher. Élever prématurément les juifs jusqu'à nous, c'est nous rabaisser inutilement jusqu'à eux, aux yeux des autres populations indigènes (1).

(1) Voici un fait qui donnera une idée de l'ignorance qui a présidé à nos premiers rapports avec les indigènes. Un arrêté du maréchal Clauzel, du 14 décembre 1830, institua à Alger une garde urbaine dont tous les Français et les indigènes, juifs et maures, âgés de vingt à soixante ans, étaient appelés à faire partie, sans distinction. L'un des considérants portait : « Que la fusion des diverses populations ne peut qu'être accélérée par leur

Nous n'avons qu'un seul moyen de transformer les juifs en population utile, et en même temps d'arrêter la décadence des maures : c'est d'agir activement sur les générations nouvelles par l'éducation et la suppression du vagabondage. Mais avant d'aller plus loin, il nous faut dire quelques mots du troisième élément qui compose à Alger la population indigène.

Je ne sais trop quel nom donner à cette foule d'hommes, plus nombreuse de jour en jour, que notre administration désigne sous le nom d'*Arabes des corporations*. De tout temps, un grand nombre d'habitants de l'intérieur du pays émigrait chaque année vers la capitale de la Régence, absolument comme les Auvergnats,

réunion dans un même corps et leur emploi à un même service.... » Les articles de cet incroyable arrêté contenaient les dispositions suivantes : « Les gardes nationaux européens et indigènes seront répartis de manière qu'aucune compagnie ne soit composée entièrement de personnes de même nation. » — Cela suppose que Français et indigènes porteront le même costume ! — Art. 5 : « Les commandants des compagnies seront choisis parmi les Français; les autres officiers et sous-officiers seront pris indistinctement parmi les autres nations. »

les Savoyards et les Tyroliens émigrent vers les grandes villes d'Europe, pour y ramasser un petit pécule destiné à améliorer leur condition dans la contrée natale. A Alger, ces émigrants étaient enrôlés dans des corporations présidées par un chef appelé *Amin*, lequel était chargé de la police du corps, et responsable devant l'autorité de la conduite des individus confiés à sa surveillance. L'amin est comme le gérant d'une association industrielle, le magistrat d'une petite société, le père d'une famille. On compte à Alger trois grandes corporations, correspondant aux principales tribus de l'intérieur, où elles se recrutent chaque année, et dans lesquelles sont compris presque tous les émigrants indigènes : ce sont les corporations des *Biskris*, des *Mozabites*, les deux plus nombreuses, et celle des *Agrouaths*, qui compte à peine quelques centaines de membres (1).

(1) Ces noms se rapportent à ceux des villes de Biscara, d'Agrouath, du pays de Zab, au delà du Grand-Atlas, et même assez avant dans le désert, à plus de cent lieues d'Alger.

Les corporations d'Alger exécutent presque tous les travaux qui demandent l'emploi de la force. Les Biskris sont portefaix, manœuvres, et même, quoiqu'en petit nombre encore, journaliers agricoles; les Mozabites se partagent les professions de meuniers, de boulangers et de baigneurs. Généralement laborieux, durs à la fatigue, sobres comme on l'est dans le désert et fort dociles, ils constituent une population vraiment utile, que nous devons voir augmenter avec plaisir. Elle tend fortement à s'accroître, car elle est plus nombreuse aujourd'hui qu'elle ne l'était à l'époque de la conquête; elle dépasse actuellement le chiffre de 6,000 individus. Si, malgré les difficultés et les dangers que l'état de guerre oppose aux relations de l'intérieur avec la côte, l'émigration a constamment augmenté au lieu de diminuer, il est évident que, dans l'état de paix, la population laborieuse de l'intérieur se porterait en masse vers les points où nous avons du travail et de bons salaires à lui offrir.

Les Biskris sont très largement récompensés des services qu'ils nous rendent, et ils ont autant gagné à entrer en contact avec nous, que les Maures y ont perdu. La demande toujours croissante du travail, pour les emplois qui exigent de la force, a subitement élevé les Biskris à la condition des ouvriers européens les mieux favorisés. Sous la domination turque, un salaire de cinquante centimes était pour eux une bonne journée; en ce moment, ils ne consentiraient pas à louer leur force pour le prix auquel s'achète en France le travail du manœuvre. J'ai appris dernièrement que le gouverneur-général, manquant de bras pour les travaux du fossé d'enceinte, avait essayé d'y employer des Kabyles : environ deux cents manœuvres indigènes avaient été arrêtés par lui, mais, au jour indiqué, *deux seulement* se présentèrent; les autres trouvant chaque jour 2 fr. 50 c. et même 3 fr. à gagner dans la ville, refusaient naturellement le travail à un prix inférieur. Ainsi, la classe de la population qui profite seule de la présence des Européens en Afrique, la population la plus laborieuse et la plus utile, se trouve être précisément celle qui ne nous appartient pas !

Toutefois, les habitudes laborieuses de cette population, l'empressement avec lequel elle recherche les emplois lucratifs, sont d'un bon augure pour l'avenir de notre conquête. Ces faits démontrent la possibilité d'établir des relations pacifiques de commerce et d'industrie avec l'intérieur du pays. Il est probable que les tribus qui habitent au delà du Grand-Atlas et dans les oasis du désert, n'auront pas plus de scrupule à échanger leur laine contre notre argent et nos produits, que leurs représentants à Alger, Biskris, Mozabites et Agrouaths, n'en ont à nous vendre leur travail. Dans l'état d'agitation et de désordre où se trouve le nord de l'Afrique, les tribus de l'intérieur ne nous envoient que des hommes, parce que les hommes passent plus facilement que les denrées; mais lorsque cette bande de peuples turbulents et indisciplinés, qui barre le passage au commerce, sera pénétrée et soumise, lorsque des routes efficacement protégées traverseront le pays, il est évident que des relations d'échange s'établiront naturellement entre les points que nous occupons et l'intérieur de l'Afrique; et le jour où un passage sûr sera ouvert aux hommes et aux denrées, nous commencerons à être récompensés de nos sacrifices et de nos souffrances. En attendant, tout ce que nous avons à faire avec les Arabes de l'intérieur qui viennent au milieu de nous, c'est de conserver et de régulariser l'utile institution des corporations, et de nous en servir pour mieux connaître le pays et ses habitants. Tout en laissant aux amin la police des corporations, il serait utile d'établir avec eux des relations régulières, qui nous mettraient à même de savoir sûrement ce qui se passe au delà du rayon borné où nous pouvons agir. Si j'en crois ce que j'ai entendu dire à Alger par un Arabe venu d'Aïn-Maddhi, on nous regarderait au delà de l'Atlas comme des libérateurs, et on souhaiterait vivement que notre domination s'établît dans le pays; en supposant que l'intention de nous plaire ait exagéré ces rapports, n'est-il pas vraisemblable que les tribus paisibles des confins du désert, pour lesquelles le commerce est une nécessité, puisque leur pays ne produit pas de blé, mais seulement des dattes et des troupeaux, désirent pouvoir échanger librement leurs produits contre ceux qui leur manquent ? N'est-il pas vraisemblable encore qu'elles verraient sans déplaisir l'établissement d'une autorité équitable et forte, en état de les protéger contre les dévastations et le brigandage des Arabes indisciplinés qui les séparent de la côte, c'est-à-dire du marché le plus avantageux pour leurs denrées ? D'après les rapports du même Arabe, toute la plaine de Biscara aurait pris activement parti contre Abd-el-Kader, dans sa lutte contre Tedjini.

Telles sont les diverses populations indigènes que la conquête a mises directement en contact avec nous, dans les villes occupées. Nous avons vu, qu'à l'exception des Arabes des corporations, qui ne nous rendent que des services temporaires, cette population, dans l'état où l'a réduite la conquête, est plutôt un fardeau qu'une richesse. Selon nous, il y a urgence à intervenir promptement pour empêcher, pendant qu'il peut en être encore temps, que cette population ne tombe complétement à notre charge ou ne devienne dangereuse. L'éducation des jeunes générations et la suppression du vagabondage des enfants sont le seul moyen d'action que nous puissions employer. J'ai vu à Alger des écoles maures et juives; mais elles ne m'ont point paru instituées dans le but que je propose, et d'ailleurs elles ne s'adressent qu'à une insignifiante partie de la population; cependant je dois dire que les écoles juives, des deux sexes, m'ont semblé mieux instituées, plus suivies, pourvues de maîtres meilleurs que les écoles maures. Ces dernières ne sont qu'au nombre de deux, une au collége où l'on promet à ceux qui veulent la suivre plusieurs années, une instruction assez élevée; la seconde, simple école primaire du dernier degré. Ces deux écoles ne réunissent pas chaque jour plus de cinquante élèves, qui les suivent très irrégulièrement. Elles sont sans action sur la masse de la population indigène, car elle ne sont fréquentées que par les enfants des Maures que nous employons, comme *chaouchs*, garçons de bureau, etc... Les autorités musulmanes que nous avons conservées, les muphtis et cadis mettent nos écoles en interdit près de leurs coreligionnaires, et nous souffrons avec une imperturbable patience une pareille opposition! Il est vrai que nous en souffrons bien d'autres, et un document officiel avoue, avec une humilité passablement ridicule chez des conquérants, que, *malgré de fréquentes exhortations, on n'a pu astreindre les juges musulmans à transcrire et conserver les jugements rendus par eux* (1). Quand on pousse jusqu'à ce point le respect pour la barbarie, comment oserait-on imposer aux vaincus une éducation meilleure ? Je sais que le fonctionnaire chargé d'inspecter l'instruction publique en Algérie, a demandé l'autorisation d'envoyer dans les écoles indigènes, qui sont assez nombreuses, un maître français pendant un certain nombre d'heures chaque semaine, et que cette autorisation a été refusée par les bureaux de Paris, sous prétexte que cette mesure pourrait blesser les préjugés musulmans (2) !

(1) *Tableau de la situation des établissements français en Algérie, en* 1839, p. 99.

(2) Au lieu de constituer l'éducation des indigènes, en Algérie, les bureaux qui gouvernent l'Afrique ont

Je suis convaincu que si nous n'adoptons prochainement des mesures efficaces pour la répression du vagabondage des enfants à Alger, la plus grande partie de la population musulmane tombera à notre charge, et que nous serons obligés de nourrir ceux que nous n'aurons pas voulu astreindre au travail. On parle de

trouvé qu'il serait mieux de fonder un collége arabe à Paris. On a loué une maison au prix de 18,000 fr. par an (hôtel Marbœuf), pour recevoir cet établissement, et il m'a été assuré que les dépenses déjà faites s'élevaient à 80,000 fr. Il ne manquera au collége arabe que des élèves. On a essayé d'en recruter cette année en Afrique; on n'a trouvé qu'un petit nombre de Maures, fils d'employés, que leurs parents consentaient à envoyer pour tenter fortune; d'Arabes il n'en viendra pas, à moins qu'on n'enlève violemment des enfants pour peupler la maison de Paris. Une seule invitation faite aux Arabes auxiliaires d'Oran a jeté la consternation parmi les tribus.

On ne peut concevoir l'établissement d'un collége arabe à Paris que dans deux cas : ou l'on se propose de préparer, par une éducation convenable, les fonctionnaires destinés à l'Algérie, et alors l'établissement que l'on veut créer pourrait rendre des services, comme les colléges hindous fondés en Angleterre; encore cette fondation serait-elle, selon nous, prématurée. Le second cas se-

tenter aux environs d'Alger des expériences de colonisation, de créer des fermes et des villages; ces établissements utiles, trop longtemps ajournés, fourniraient un moyen excellent pour réprimer le vagabondage, et donner à ces bandes de pauvres enfants qui encombrent les rues d'Alger, de Blidah et de toutes les villes occuperait celui où de bonnes écoles franco-arabes, depuis longtemps en activité en Afrique, nous permettraient d'en tirer les meilleurs sujets, déjà façonnés, parlant notre langue, connaissant les avantages de notre civilisation, pour les envoyer au milieu de nous et les rendre complétement civilisés et Français. Mais commencer par là, mais expatrier des enfants, pour leur apprendre l'alphabet, c'est là une idée inexplicable, qui ne semble conçue que dans la folle intention de créer la dépense avant l'utilité, ou en d'autres termes, de dépenser sans résultat le plus d'argent possible! Avec le prix seul du loyer de la maison, on ferait cent fois mieux à Alger que messieurs les administrateurs de Paris ne pourront faire dans leur collége arabe.

D'ailleurs les petits détails de cette affaire qui sont à ma connaissance accusent une si étrange légèreté, une si parfaite ignorance de nos rapports avec les indigènes, que je la regarde comme un amusement administratif, imaginé par quelque commis, et pris un moment au sérieux à Alger.

pées, une éducation agricole et l'habitude du travail. De cette manière, les germes de misère et de corruption qui fermentent si énergiquement dans la population conquise, se trouveraient transformés, à l'avantage des vaincus comme des vainqueurs, en éléments de richesse et de force. L'exemple des Européens et la contrainte du besoin ne suffiront pas, je le crains, pour discipliner au travail cette population amollie et dégradée. La répression du vagabondage des enfants me paraît en ce moment une juste et nécessaire intervention dans la condition industrielle et morale des indigènes. On aura beau hésiter longtemps, tôt ou tard il faudra y avoir recours, et Dieu veuille alors que l'étendue du mal ne nous force pas d'employer des moyens plus difficiles et plus sévères!

Il nous reste maintenant à exposer les principes qui doivent diriger notre conduite dans les relations avec les indigènes de l'intérieur, soumis, insoumis ou hostiles.

Nos rapports politiques avec les indigènes de l'intérieur sont devenus chaque année plus difficiles, et les Arabes sont beaucoup plus éloignés d'accepter notre domination directe ou indirecte qu'ils ne l'étaient au lendemain de la conquête. La prise d'Alger leur avait fait croire que nous étions un peuple fort, et ils étaient très disposés à reconnaître cette force, qui est à leurs yeux le seul principe d'autorité légitime. Après dix ans de guerre et d'expéditions entreprises pour les soumettre, ils ne croient plus à notre force parce qu'ils ne croient plus à notre persévérance, qui est le caractère de la force. A l'exception des tribus de la province de Constantine, dont on parlera plus loin, à l'exception d'un petit nombre d'auxiliaires stipendiés dans les autres provinces, et de quelques tribus voisines de Mostaganem, que l'heureuse expédition du général Bugeaud a ralliées à nous, nous n'avons plus en Afrique que des ennemis.

Et comment en serait-il autrement? notre amitié, notre alliance ou seulement notre contact ont porté malheur à tous ceux qui les ont acceptés ou subis! Dans les premiers temps qui suivirent la conquête, beaucoup de tribus s'étaient mises en rapport pacifique avec nous, ou même s'étaient livrées à nous comme à une autorité capable de gouverner et de protéger. On nous disait : « Notre religion nous défend de payer tribut aux infidèles, mais choisissez qui vous voudrez d'entre nous, prenez même un juif, un homme de paille, mettez-lui un turban sur la tête, et nous lui payerons le tribut, dont il vous tiendra compte (1). » Eh bien ! tous ceux qui ont cru à notre puissance, tous les indigènes qui nous ont obéi un moment, ou sont ruinés ou n'existent plus ! Nous n'avons pas protégé une seule tribu, un seul Arabe contre les ressentiments du fanatisme de leurs coreligionnaires, exalté par notre faiblesse !

Moins d'un an après la prise d'Alger, les habitants de Bône, fatigués des exactions et de la tyrannie d'Achmet, nous invitent à venir au milieu d'eux. Nous prenons possession de la ville avec des forces insuffisantes, qui sont bientôt rappelées. Le fameux Ben-Aïssa, aujourd'hui notre prisonnier, vient assiéger la ville, l'emporte, et pour punir les malheureux *hadars*

(1) Lettre d'un Scheik du désert à Mustapha-ben-Ismaël, citée par M. Blondel dans son excellent Aperçu sur l'Algérie.

(c'est le nom que les Arabes donnent aux habitants des villes) d'avoir appelé les infidèles, il les égorge, les pille, et les chasse de leurs murs. Lorsque nous avons repris Bône avec l'intention de l'occuper définitivement, la population indigène de la ville était diminuée des deux tiers!

Partout où le mouvement militaire irréfléchi des premières années de la conquête nous a portés, les mêmes malheurs sont venus à notre suite. En 1830, nous allons aux portes de Blidah, et nous saluons orgueilleusement l'Atlas à coups de canons, comme si nous en prenions possession au nom de la France! Les habitants de Blidah nous envoient une députation et se soumettent au vainqueur; mais, le bruit fait et les bulletins rédigés, nous nous en retournons à Alger. Les tribus voisines, les Kabyles de la montagne qui ne s'étaient pas aperçus qu'on les avait vaincus, tombent sur la ville dont ils massacrent ou enlèvent les habitants! Telle fut la conséquence d'un de nos premiers triomphes.

Les Douaires et les Smélas, qui vivent aujourd'hui de notre solde, ont éprouvé longtemps ce qu'il en coûte pour nous être fidèles. Ils ont eu leurs tentes pillées, tous leurs bestiaux enlevés, et ils ont vécu pendant bien des jours de quelques rations d'orge, que l'intendant de notre armée leur distribuait par charité. « Après la campagne de Mascara, dit M. Léon Blondel (1), auquel nous empruntons ces faits, campagne dans laquelle ces tribus s'étaient distinguées, Kadour-Ben-Daoud, l'un des officiers, qui avait été blessé, dont la femme, les enfants, les bestiaux avaient été enlevés, était dans un dénuement complet ; des officiers d'état-major, qui nous pardonneront de les nommer, MM. Maussion et de Lagondi, lui donnèrent 80 fr. Beaucoup d'autres étaient dans la même position. »

Sur la demande des habitants et de quelques tribus voisines, Mohammed est nommé bey de Médéah ; il s'y installe ; il est bientôt attaqué et se maintient avec peine. Il nous écrit : « Je vous
« ai demandé des hommes ou de l'argent, vous ne
« m'envoyez rien ; je vous ai engagé à marcher
« sur Miliana pour faire diversion, vous n'y

---

(1) *Nouvel Aperçu sur l'Algérie*, p. 89.

« allez pas, je succomberai. N'importe, je vous
« ai donné ma parole, je vous resterai fidèle.
« On ne meurt qu'une fois. » Trahi, livré à
l'ennemi, il fut emmené esclave au Maroc !

A l'occasion de cet événement les scheicks de plusieurs tribus écrivaient : « La honte de
« cet événement rejaillit sur vous. Il va de votre
« honneur d'y apporter un changement. Le bey
« Mohammed se regardait comme votre fils et
« comptait sur vous. A présent nous vous enga-
« geons à venir nous venger. »

Les coulouglis de Médéah, qui tenaient bon pour nous, étaient cernés dans leurs maisons, en proie à la famine, ne pouvant sortir ni le jour ni la nuit. Ils écrivaient : « ..... Si vous ne venez pas à notre secours, vous êtes sans honneur, vous n'aurez plus à élever la voix devant les nations, et *après nos malheurs, personne n'ajoutera foi à vos paroles.* » (1) Ils furent abandonnés, et leur prédiction s'est réalisée, on ne croit plus en nous ! Et à moins d'un changement de conduite, on n'y croira jamais. Cet

---

(1) *Nouvel Aperçu sur l'Algérie*, p. 94.

heureux changement dans la politique et la guerre est en train de s'opérer, et il produira bientôt les résultats espérés, si on n'y met pas obstacle. Mais c'est une tâche bien laborieuse que de faire oublier de pareilles fautes.

La question n'est pas aujourd'hui d'obtenir quelques soumissions partielles, mais bien de faire, devant nos ennemis, acte de force et de persévérance, jusqu'à ce que nous ayons regagné notre titre de dominateurs. Limitons désormais nos promesses aux bornes bien déterminées de notre action, afin que toute parole donnée puisse être accomplie jusqu'à la dernière lettre. Qu'une guerre active, bien conduite, un système d'occupation effective et permanente, qui fixe enfin le drapeau de la France, mobile et vagabond jusqu'ici comme le pavillon d'un vaisseau en course, que la force enfin détermine la soumission, et il ne faudra qu'un peu de sagesse pour la maintenir !

Mais qu'avec un système d'occupation absurde, qui éparpille sur mille points divers les forces de la conquête, le gouvernement vienne dire aux généraux d'Afrique : accordez protection efficace aux tribus qui se soumettent; c'est faire preuve de bonne intention peut-être pour la chose africaine, mais ce n'est pas faire preuve de connaissance, car c'est demander l'impossible! Je suppose qu'une des tribus des environs de Bougie ou de Gigelly consente, comme quelques-unes le désirent probablement, à entrer en relations avec nous; si elle n'est pas assez puissante pour se protéger elle-même, elle est perdue. Sur ces deux points, comme sur beaucoup d'autres encore, nous ne sommes que tout juste assez forts pour nous protéger nous-mêmes. Les intérêts auxquels se rattachent l'existence d'une tribu arabe, sont étendus sur une vaste surface du pays; le pâturage des troupeaux, l'emplacement des douairs, ou groupes de tentes, occupent plus de dix lieues de territoire, et nos blockhaus ne dominent pas au delà de la portée d'un fusil. La protection est donc impossible, et il suffira du mauvais vouloir d'une seule tribu plus nombreuse ou plus hardie, pour éloigner de nous à jamais celles que leurs intérêts inviteraient à s'en rapprocher. Il y a plus; des soumissions isolées, sur des points éloignés de la

Régence deviendraient, infailliblement, si les tribus soumises ne formaient pas par elles-mêmes une force respectable, une grande cause d'affaiblissement. Ces soumissions produiraient les mêmes effets que l'occupation morcelée : elles immobiliseraient les troupes, et toutes les forces que la France consacre à la conquête africaine s'useraient inutilement à la garde de quelques centaines de tentes, de quelques milliers de bestiaux.

Ce n'est pas ainsi que nous entendons la soumission des indigènes. L'occupation permanente et forte des points importants du pays, les marches répétées et toujours victorieuses de nos colones mobilisées, doivent à la fin rendre l'existence difficile et douloureuse aux tribus qui vivent et pâturent dans un certain rayon. Alors, si elles sont une fois persuadées que nous sommes résolus à rester les maîtres, elles viendront infailliblement, comme les Medjehers, demander la paix. On l'a répété assez de fois, les Arabes n'ont pas de courage contre la fatalité : que la conquête française soit pour eux la fatalité, et elle est accomplie ! alors, non seulement nous serons à même de protéger, mais, à l'aide d'une bonne organisation que nous n'avons qu'à rétablir, ces tribus pourront s'ajouter à notre force active, et nous servir à conserver et même à étendre la conquête. Si nous avons enfin compris la conquête africaine, nous donnerons aux tribus pacifiées des chefs pris au milieu d'elles, possédant une influence réelle dans le pays, solidement rattachés à nous par l'intérêt, la vanité et la passion du commandement, les trois sentiments les plus vifs chez les Arabes. Il est vrai que des beys à 6000 fr. d'appointements, comme ceux que nous avons nommés jusqu'ici, n'obtiendront pas sur les arabes l'influence qu'ils nous faut assurer à tout prix aux chefs qui se donneront à nous; il est vrai aussi que quelques mille francs dépensés judicieusement, nous épargneront les millions que coûteraient des expéditions éternelles : c'est à choisir.

A l'exemple des Turcs, il nous faudra aussi organiser chez ces tribus une force militaire permanente à notre solde, des cavaliers de profession, comme les Douairs et les Smélas, qui, avec les troupes mobilisables des centres d'occupation, constitueront toujours une force disponible, capable de maintenir la tranquillité dans un rayon donné, de repousser et de châtier les agresseurs. Lorsque, au mois de juillet 1841, je visitai Mostaganem, Moustapha-Ouled-Osman, qui ambitionnait ardemment le titre de Bey de Mascara, titre que le général Bugeaud lui a conféré depuis, ne demandait, pour se maintenir et assurer la sommission des tribus, que de l'argent pour solder des cavaliers, et des artilleurs français. Il jurait sur la tête de son frère Ibrahim, qu'à ces conditions il serait maître et ferait payer le tribut. Moustapha-Ouled-Osman, de race Turque, descendant d'une ancienne famille qui a compté un grand nombre de Beys, et dont les tombeaux, à Kerguenta, près d'Oran, sont un objet de vénération pour les Arabes, exerce une véritable influence dans le pays, et les Turcs et Coulouglis, encore en grand nombre dans la province, paraissaient disposés à se joindre à lui. Des prédictions favorables, que j'ai entendu souvent répéter, circulaient dans les tribus : il était dit que le jour où la famille d'Osman reviendrait à Mascara, la puissance du fils de Marabout serait pour jamais éclipsée. Mustapha-Ouled-Osman est en ce moment installé à Mascara; je ne sais pas encore quels seront les effets de cette combinaison, mais elle paraît réunir toutes les conditions du succès, et devoir devenir un précédent favorable pour la politique africaine.

On a discuté en France divers systèmes de domination qui peuvent être tous excellents s'ils ne sont pas absolument appliqués. La meilleure conduite en Algérie est celle qui tient compte de toutes les circonstances de lieu, de caractère et d'habitudes, et qui se met seulement à la recherche du possible. En ce moment et bien longtemps encore, la domination doit se borner à faire reconnaître notre force et à imposer la paix. Il y aurait folie à ambitionner davantage dans les provinces d'Alger et d'Oran où nous n'avons pas cessé d'être en guerre. D'ailleurs nous n'avons pour le moment aucun intérêt à forcer la répugnance des tribus pour la souveraineté directe d'un peuple étranger. Toute la tâche de la politique, lorsque la guerre aura fait son œuvre, doit se borner à nommer ou à reconnaître les chefs, à nous les rattacher par l'intérêt, la vanité et l'ambition, et à solder des cavaliers. Il faut laisser au temps et à la paix le soin de modifier les habitudes et le caractère des indigènes : le commerce, la colonisation, l'engagement réciproque des intérêts peuvent seuls dompter à la fois l'opiniâtreté des Arabes, et achever la conquête. La guerre et la politique n'ont en ce moment pour but que d'assurer à ces forces la possibilité d'agir.

Dans tout ce que nous avons dit jusqu'ici nous avons fait abstraction de la province de Constantine où tout se présente sous un aspect différent. La population indigène de cette province ne se compose guère que de tribus soumises ou de tribus insoumises, mais peu hostiles, à l'exception des Kabyles des environs de Bougie et de Gigelly, auxquels nous ne nous sommes faits connaître encore que comme des aventuriers impuissants; nous n'avons pas d'ennemis réunis comme dans l'ouest, en résistance collective et presque nationale. Cette heureuse différence s'explique moins par la prétendue sagesse qui aurait présidé à l'occupation de cette province, que par les circonstances plus favorables qui se sont offertes à nous. Sans vouloir diminuer la gloire du maréchal Vallée, qui a eu la bonne idée de mettre sous une espèce de séquestre la province conquise, et de prévenir ainsi les fâcheuses conséquences d'un établissement européen prématuré et fait en désordre, comme celui d'Alger, nous ne pouvons pas attribuer à ce système tout le mérite de la situation où se trouve aujourd'hui cette partie de la Régence.

Ici nous avons eu l'avantage de succéder directement à un pouvoir détesté et méprisé. La tyrannie d'Achmet, les exactions de ses lieutenants nous ont fait paraître moins comme des conquérants que comme des libérateurs.

Après le premier moment de stupéfaction et de colère, causés par la présence de l'étranger, les populations qui se trouvaient forcément sous notre action, s'aperçurent que la domination nouvelle était plus douce, plus régulière et même plus juste que le pouvoir renversé sous les murs de Constantine. Achmet vaincu avait peu d'influence sur un pays qu'il avait cruellement exploité, et personne ne voulut suivre sa fortune. Aucune autre autorité indigène n'eut le temps de se former et d'organiser contre nous la résistance, de sorte que les tribus n'avaient à nous opposer que des forces isolées. D'ailleurs, les lieutenants d'Achmet, les instruments les plus dévoués de sa puissance, ayant perdu toute confiance dans la fortune de leur maître, se mirent avec empressement à notre service ; dès le lendemain de la prise de Constantine, il nous fut donc possible de montrer aux populations une autorité constituée, à laquelle elles pouvaient obéir sans trop de répugnance. Une autre circonstance contribuait encore à faire accepter notre présence dans cette province. Les tribus voisines de la mer avaient eu de longs et pacifiques rapports avec nous, du temps des établissements de la Calle (1), et notre nom, les avantages qu'on avait retirés de notre commerce n'étaient pas oubliés. Il est vrai que

(1) Voir, pour l'histoire de ces établissements, l'ouvrage de M. Baude.

cette fois nous ne venions plus en étrangers tributaires, en marchands qui se font tolérer à prix d'argent, mais en maîtres, et qu'au lieu de payer tribut, c'est nous qui l'exigions. Toutefois, malgré les difficultés passagères qui pouvaient naître des souvenirs du comptoir de la Calle, il est certain que les intérêts attachés à ces souvenirs nous ont puissamment servis. Ce point de départ de la domination française dans la province de Constantine, n'explique-t-il pas la différence de notre situation dans l'ouest et dans l'est de la Régence ?

Jusqu'à ce jour on a regardé notre conduite dans la province de Constantine, comme l'application intelligente du système de domination indirecte, ou du gouvernement des indigènes par les indigènes. Cela a pu être vrai pendant un certain temps, mais cela ne l'est plus aujourd'hui. En ce moment, la marche naturelle des choses nous entraîne forcément à exercer une domination de plus en plus directe sur les tribus de l'ouest, et nous cédons fort docilement à cette pente. Le fameux système du gouvernement des indigènes par les indigènes se trouvera bientôt à peu près abandonné, dans la province même où l'on s'était fait une gloire de l'appliquer avec rigueur ! C'est que, encore une fois, en politique africaine moins encore qu'en toute autre chose, il n'y a point de système absolu possible. Il a été bon et raisonnable de commencer par la domination indirecte; il est également bon et sage de lui substituer la domination directe, lorsque celle-ci remplace l'autre naturellement et comme d'elle-même.

Partout où l'autorité française est réellement présente, comme à Constantine, à Guelma, à Sétif, notre domination tend à s'exercer de plus en plus directement sur les indigènes. Tout chef militaire, s'il est intelligent et juste, absorbe bientôt, sans la moindre usurpation de sa part, l'autorité entière et absolue dans le cercle où il commande. Du moment où les représentants de la puissance française ont une connaissance suffisante du pays, de ses besoins, de la langue et du caractère de ses habitants, ils sont les maîtres, et, si peu qu'ils soient justes, les tribus les reconnaissent directement, et je dirais presque les choisissent pour chefs. Ce fait n'est nulle part plus remarquable que dans le cercle de Guelma, commandé par le lieutenant-colonel Herbillon. Ce chef militaire a parfaitement compris quels étaient les devoirs d'un homme chargé de représenter la conquête dans un pareil pays : ce n'est pas seulement la force qu'il s'étudie à représenter, mais la civilisation, la justice et l'intelligence du peuple dominateur; et il a si bien réussi dans cette noble tâche, que toutes les tribus voisines vont d'elles-mêmes au devant de son autorité. Non seulement on l'accepte sans répugnance, mais on la préfère à celle des chefs indigènes que nous avons conservés, on la choisit pour arbitre dans tous les différends, même ceux qui touchent à ce qu'il y a de plus intime, de plus délicat dans les mœurs et les habitudes de la vie arabe. Je sais, d'après des renseignements puisés à bonne source, que la plupart des tribus aiment mieux recourir à la justice du chef français, qu'à celle des cadis, et que plusieurs ont même demandé au colonel Herbillon de supprimer ces magistrats indigènes, moins équitables et moins désintéressés que lui. Le colonel Duvivier, aujourd'hui général, a précédemment administré le cercle de Guelma ; lui aussi avait su inspirer une confiance si absolue aux Arabes que, manquant d'argent, il paya les approvisionnements fournis par les indigènes en billets à terme, que la garantie de sa signature fit accepter comme monnaie courante !

De pareils faits, heureusement assez nombreux en Afrique, ont une signification bien importante pour nous : ils veulent dire que, pour obtenir la soumission des indigènes, tout dépend du choix des hommes placés en contact avec eux. Un chef militaire intelligent, capable d'observation et d'étude, si on lui laisse le temps de connaître le pays et le peuple sur lesquels il doit agir, peut rendre à la conquête des services immenses et exercer une influence décisive sur un grand nombre de tribus. Il est vrai que tous les officiers de l'armée ne sont pas en état de remplir une pareille mission ; la plupart d'entre eux ne comprennent que les services matériels, que l'action de la force et du courage. Ceux-là ne manquent pas d'emploi en Afrique ; mais leurs services, si importants qu'ils soient, ne suffisent pas aux besoins de cette difficile conquête. Elle réclame impérieusement l'action de l'intelligence et du savoir combinée à celle de la force, et ces précieux éléments peuvent se rencontrer en quantité suffisante dans l'armée d'Afrique, pourvu que l'on veuille se donner la peine de les y chercher. La guerre d'Afrique a formé un assez grand nombre d'hommes spéciaux, propres aux fonctions du commandement sur les indigènes; elle a développé chez beaucoup de militaires des aptitudes précieuses, qui ne demandent qu'à être mises à l'œuvre. On rencontre en Algérie une foule de jeunes officiers passionnés pour l'étude du pays, et qui, venus par devoir, y restent par choix et par goût. L'attrait des choses nouvelles, la curiosité ont sollicité leur intelligence, et plus d'un a mis à connaître ce qui l'entourait la même ardeur, la même patience qu'il porte dans les fatigues et dans les combats. Que le gouvernement sache profiter de ces dispositions; qu'il conserve à l'Afrique les officiers que leurs goûts ou les circonstances ont attachés à cette terre nouvelle; qu'il encourage les services rendus par l'intelligence à l'égal de ceux que rend la force ; qu'il y ait place dans les bulletins et part dans les récompenses pour tous les mérites, aussi bien pour l'habileté du politique, que pour le dévouement du soldat, et le gouvernement n'aura plus qu'à choisir ! Les difficiles travaux de la conquête africaine auront chacun un instrument spécial et propre, et les fonctions si variées de cette œuvre immense seront remplies désormais avec autant d'aptitude que de dévouement !

Avec une armée acclimatée et le nombre nécessaire d'officiers spéciaux, ayant acquis l'expérience du pays et de ses habitants, la conquête de l'Algérie est assurée. L'armée d'Afrique a mis dix ans à faire son éducation : le gouvernement, au lieu de profiter de cette éducation, si laborieusement acquise, préfèrera-t-il soumettre ceux qu'il emploie à un apprentissage éternel ?

Mais n'oublions pas que, dans la province de Constantine, comme dans les autres parties de la Régence, la soumission directe ou indirecte des indigènes ne saurait être le but exclusif de nos efforts. Pour nous, l'état satisfaisant de la province de Constantine n'est qu'un heureux provisoire, qu'il est de notre intérêt de prolonger jusqu'à ce qu'il ait produit tous ses avantages; les ruines des établissements romains, dont cette riche province est couverte, nous enseignent ce qu'il nous restera à faire lorsque la conquête matérielle sera bien assurée. Un jour viendra où nous devrons lever le séquestre sous lequel nous avons sagement placé cette partie de la Régence. L'occupation complète, l'occupation utile ne peut avoir lieu que par la colonisation européenne; l'occupation purement militaire coûte environ dix-huit millions, elle ne produit pas encore un million; et jamais, en supposant les circonstances les plus favorables, elle ne sera en mesure de couvrir par elle-même la moitié de ses frais; aussi bien, telle qu'elle est, nous ne la regardons que comme une occupation provisoire, en attendant l'occupation définitive.

DEUXIÈME PARTIE.

DE LA COLONISATION.

CHAPITRE PREMIER.

Des Colonies en général. — Des différents établissements que l'on désigne sous ce nom et des conditions qui déterminent leur fondation et leur développement.

———

Lorsqu'un peuple civilisé, soit par excès de population, soit par intérêt politique, occupe une terre nouvelle avec l'intention de s'y reproduire, d'y créer une société, une nouvelle patrie, on dit que ce peuple fonde une colonie; lorsque des spéculateurs, des hommes aventureux viennent dans un pays nouveau, pour en exploiter les richesses par le commerce, en conservant l'esprit de retour dans la mère-patrie, on donne aussi à leur établissement le nom de colonie. Ce nom emprunté aux anciens, qui ne l'employaient que dans le premier sens, désigne donc aujourd'hui des choses tout à fait différentes par leur nature et leurs lois.

On peut donner à la première sorte d'établissement le nom de *colonie nationale* ou *politique*. Un essaim se détache de la ruche trop pleine, et s'en va chercher au loin des terres et une patrie; c'est ainsi que colonisaient, dans l'antiquité, les Grecs de l'Asie-Mineure, lorsque, pressés sur un étroit territoire que des voisins belliqueux ne leur permettaient pas d'agrandir, ils se transplantaient sur des terres encore incultes, à peine peuplées, et couvraient tous les rivages de villes florissantes, de républiques, de sociétés nouvelles. Un peuple conquérant veut assurer sa domination sur des nations éloignées et les discipliner à ses lois, à sa langue, à ses usages; dans ce but il ordonne ou favorise l'établissement d'un certain nombre de familles, tirées de son sein, au milieu des peuples conquis ; c'est ainsi que colonisaient les Romains, par esprit de domination, par intérêt politique. Dans ces deux cas, qui résument les deux grands systèmes de colonisation chez les anciens, il y a toujours transplantation de peuple, conquête de la civilisation, agrandissement de l'humanité.

La plupart des colonies fondées dans les temps modernes ne mériteraient pas ce nom si on lui conservait sa primitive signification ; à bien peu d'exceptions près, ce ne sont que des établissements individuels et commerciaux : elles sont filles de l'intérêt privé, non d'une politique nationale. Si la civilisation européenne a poussé au loin des rameaux, comme les civilisations grecque et romaine, si elle s'est transplantée dans le Nouveau-Monde, si elle y a prospéré, fleuri, et porté de nobles fruits, c'est qu'il s'était produit au milieu d'elle des circonstances analogues à celles qui ont déterminé la fondation des anciennes colonies.

La nature du pays qui reçoit les colons, les circonstances politiques et sociales dans lesquelles se trouve le peuple qui les envoie, déterminent la nature et la destinée de la colonie.

A l'époque où le génie des découvertes ouvrit aux Européens un nouveau monde, le territoire des états les plus florissants de l'Europe suffisait à leur population. Les hommes aventureux qui traversaient l'Océan ne songeaient pas à s'établir sur ces terres lointaines, mais seulement à s'y enrichir. Les Indes apparaissaient depuis longtemps à l'imagination des Européens comme une sorte de terre promise; c'était le pays de l'or, des diamants, des denrées précieuses et des merveilles, et les Indes de l'ouest furent pour ceux qui les découvrirent, ce que les Indes de l'orient avaient été pour les Vénitiens, et depuis pour les Portugais. Une cupidité ignorante donnait un renom d'opulence à des pays barbares et pauvres où se trouvaient, en plus grande abondance qu'en Europe, certains métaux auxquels on attachait exclusivement l'idée de richesse, et l'on se précipitait avec une sorte de fureur vers ces contrées nouvelles où l'on espérait trouver des fleuves d'or qui ne tariraient jamais!

Les colons européens ne cherchaient pas des terres fertiles, une jeune patrie où ils seraient plus à l'aise, mais seulement du métal.

Le climat de l'Amérique, et surtout celui des îles du golfe mexicain, renfermait pour les Européens une nouvelle source de richesses, à laquelle on ne tarda pas de s'adresser. Comme celui de l'Inde qu'exploitaient les Portugais et les Hollandais, il produisait une foule de denrées refusées au sol européen et que le développement des besoins, l'accroissement de la richesse, rendaient de jour en jour plus nécessaires à la consommation. On comprit au premier coup d'œil l'avantage qu'il y aurait à faire produire à ce sol vierge les denrées dont l'Inde avait eu jusque-là le monopole. Mais le pays était vide d'habitants ou faiblement peuplé par des races sauvages, incapables d'un travail régulier. Il était donc impossible d'acheter aux habitants les précieuses denrées, comme cela se faisait dans l'Inde ; d'un autre côté, le spéculateur européen ne voulait et ne pouvait pas cultiver. Comment donc obtenir de ce climat privilégié les richesses qu'il promettait ?

Le commerce découvrit bientôt que l'homme se vendait comme du bétail à la côte d'Afrique ; il se chargea de peupler les terres et les îles, et de fournir aux spéculateurs des bras robustes pour arracher du sol les richesses qu'il contenait, et les colonies à esclaves furent créées !

On conçoit que le régime de pareils établissements dût différer du régime des anciennes colonies, des colonies qui sont la transplantation d'un peuple, autant que différaient leur origine et leur nature.

Les gouvernements des métropoles, voyant les bénéfices que certains de leurs sujets retiraient du trafic avec ces contrées lointaines, voulurent aussitôt entrer en partage. Ils garantirent aux colons la jouissance exclusive de ce trafic ou de cette exploitation, en leur imposant certaines conditions à l'avantage des métropoles. Les colonies devinrent ainsi des espèces de propriétés d'état, affermées à bail à des compagnies commerciales, ou cédées à des colons, qui n'étaient que les vassaux de la mère-patrie. Le gouvernement déterminait le marché sur lequel ils pouvaient vendre leurs produits, celui où ils devaient acheter, et il fixait selon son bon plaisir la nature et la quantité des denrées qu'il leur était permis de produire, l'emploi de leurs capitaux et de leur industrie.

Un semblable régime n'était pas applicable évidemment aux colonies de la première classe: un peuple qui se transplante emporte nécessairement avec lui les conditions de l'indépendance; il peut se suffire à lui-même, il forme au bout de peu de temps une société complète, souvent plus prospère, plus éclairée et plus forte que celle dont il s'est détaché. Ou il donnera naissance à une nation nouvelle, qui ne recevra de lois que d'elle-même, ou il restera uni à la mère-patrie, soumis aux mêmes lois, jouissant des mêmes libertés, et le colon sera toujours citoyen. Toute colonie qui peuple un pays et y fonde une société civilisée sera nécessairement, de sa nature, ou tout à fait indépendante, ou partie intégrante de la métropole, et comme une extension de la première patrie. Si donc, avec le temps, et à la faveur d'heureuses circonstances, une colonie, purement mercantile d'abord, se peuplait d'hommes civilisés, résolus à vivre et à mourir sur la terre nouvelle; si aux spéculateurs qui passent, succédaient des familles qui exploiteraient directement le sol, sans esprit de retour; si enfin le comptoir ou la ferme à esclaves se transformaient en société régulière, munie de tous les instruments de la vie civilisée, alors la colonie s'affranchirait nécessairement de la mère-patrie qui lui refuserait le droit de cité. Ce principe a reçu de l'histoire une éclatante confirmation.

La fondation de sociétés nouvelles dans le Nouveau-Monde a été la conséquence involontaire et non le but de la colonisation moderne. Comment ces nations, aujourd'hui sœurs des nations européennes, se sont-elles élevées, dans quelles circonstances, à quelles conditions? C'est ce qu'il nous importe d'examiner avant d'aborder l'étude de la colonisation africaine. Souvent on a opposé la prospérité et l'apparente facilité de la colonisation américaine aux lenteurs et aux difficultés de notre établissement d'Afrique; il faut voir si les grandes expériences faites depuis deux siècles dans le Nouveau-Monde peuvent se répéter, de notre temps, sur la terre africaine. L'Amérique s'est colonisée toute seule ; la même chose peut-elle arriver en Algérie? Jusqu'ici on semble avoir eu cet espoir, ou plutôt on a trouvé commode de laisser faire et d'attendre. Sans le vouloir, l'Angleterre a créé, en moins d'un siècle, une société puissante au delà des mers ; la colonisation, abandonnée à elle-même, a été plus rapide et plus complète que ne l'eût désiré la métropole, car elle a élevé en regard de l'Angleterre un peuple industrieux, commerçant, navigateur, c'est-à-dire un peuple indépendant, rival en attendant qu'il soit assez fort pour être ennemi déclaré ! Si, en laissant aller les choses à leur cours, on ne s'expose à d'autre inconvénient qu'à celui de trop bien faire, le meilleur système de colonisation n'est-il pas de laisser faire et d'attendre? Il ne manquerait qu'une seule chose à ce commode système; ce serait d'être servi, dans sa seconde épreuve, par les mêmes circonstances qui ont déterminé le succès de la première. Nous allons voir que, sans la faveur de ces circonstances particulières au temps où la colonie américaine s'est fondée, au peuple qui a fourni les émigrants, la colonisation aurait rencontré en Amérique les mêmes difficultés, disons mieux, les mêmes impossibilités qui nous arrêtent depuis onze ans en Afrique.

Le succès d'une colonie, de la nature de celles qui nous occupent, dépend de ses commencements, du nombre et du choix de ses fondateurs. Lorsque, du milieu d'un peuple civilisé, il se détache un certain nombre d'hommes, de familles, qui représentent la force, l'intelligence et la moralité de ce peuple, quel que soit le point du globe où s'arrête l'essaim voyageur, quelle que soit la cause qui l'ait chassé de la ruche, on peut dire qu'une nouvelle société d'hommes est fondée.

Le nord de l'Amérique a eu la rare fortune de recevoir, sur un sol vierge, un peuple presque tout créé, des émigrants qui apportaient avec eux tous les instruments de l'indépendance, le travail, les capitaux et l'intelligence nécessaires pour soumettre, dès le premier jour, les puissances de la nature, et les contraindre à produire. C'était au commencement et vers le milieu du XVIIe siècle. L'intolérance religieuse et les folies d'un mauvais gouvernement préparaient en Angleterre une grande révolution. Une foule d'hommes, et des meilleurs de la nation, étaient gênés dans la pratique et la confession de leur foi religieuse, menacés dans leur existence, exclus par des lois barbares de la communauté civile ; ces hommes plaçaient leurs convictions au-dessus de tous les biens, et il leur fallait ou abjurer ou tout perdre. La Providence semblait avoir tenu jusque-là le nouveau continent comme en réserve pour recevoir les exilés du vieux monde. Tous, comme d'un commun accord, puritains, quakers, dissidents politiques et religieux de toute sorte, secouèrent dédaigneusement la poussière de leurs souliers, et, sans regrets, avec l'enthousiasme du sacrifice, ils emportèrent au delà des mers leur foi et leurs espérances ! Le mouvement fut simultané, immense ; chaque jour des vaisseaux chargés d'émigrants quittaient les ports de l'Angleterre. Le gouvernement de Charles Ier s'en inquiéta, et un ordre du roi défendit l'émigration. On sait que Cromwell,

Hampden, Pyme, les chefs de la prochaine révolution, déjà embarqués, prêts à mettre à la voile, furent conservés par cet ordre royal à l'Angleterre et à leur souverain ! Ce n'était pas de l'or ni une fortune soudaine, destinée à augmenter leur considération et leurs jouissances dans la mère-patrie, que les fondateurs de la société américaine venaient chercher au milieu des solitudes du Nouveau-Monde, mais une patrie meilleure et la liberté ! Avec un pareil point de départ, on ne doit plus s'étonner que la colonisation du nord de l'Amérique se soit faite toute seule, par les efforts individuels des émigrants : elle s'est faite toute seule avec une émigration nombreuse, simultanée, composée d'hommes de foi et de courage, capables des plus grands sacrifices. A une force morale de cette énergie, mettant en œuvre un travail opiniâtre et des capitaux suffisants, le sol le plus rebelle, la nature la plus ennemie devaient céder bientôt la victoire.

Maintenant voulez-vous qu'une puissante colonie se fonde *toute seule*? faites qu'elle soit favorisée par des circonstances pareilles à celles qui ont présidé à l'établissement de la race anglo-normande dans l'Amérique du nord; procurez-lui une émigration politique et religieuse, comme celle de l'Angleterre au xvii⁰ siècle; que l'esprit de religion et de liberté appelle au désert des opprimés généreux, et le genre humain comptera bientôt une famille de plus! mais si l'esprit de spéculation et d'aventure, si l'intérêt individuel sont les seules forces que vous ayez à votre disposition pour peupler et cultiver une grande étendue de pays, vous attendrez en vain pendant des siècles l'apparition d'une colonie; vous devrez espérer tout au plus l'établissement de quelques comptoirs commerciaux, de quelques exploitations agricoles privilégiées, et cela encore dans le cas où les spéculateurs pourront se procurer du travail servile ou à très bon marché. Une colonie dans le genre de celles qui nous occupent ne peut se fonder que de deux manières, ou à la faveur de circonstances providentielles, comme celles qui ont peuplé l'Amérique, ou par la volonté et les efforts intelligents d'un peuple civilisé, qui se trouve dans la nécessité, comme les Romains, de s'étendre hors de chez lui, de se reproduire.

Le nom de colonie réveille dans la plupart des esprits des idées de rapide prospérité, de fortune soudaine, et les illusions dorées du Nouveau-Monde espagnol font encore briller à nos yeux leur décevant mirage. Il semble qu'il n'y a qu'à mettre le pied sur une terre lointaine pour trouver la richesse et le bonheur. Cette erreur qui se renouvelle à chaque entreprise, semble d'abord favorable aux projets de colonie, car elle peut déterminer pendant quelque temps une émigration assez nombreuse; mais nous affirmons qu'elle est, dans un grand nombre de cas, plus funeste qu'avantageuse par suite des désenchantements qui en sont ordinairement la conséquence. Par exemple, elle fera regarder comme une facile entreprise, capable d'être menée à bien par les seuls efforts des individus, la fondation d'une colonie qui ne peut être créée que par l'intervention et les efforts du gouvernement d'un grand peuple : dans ce cas, qui est celui de l'Afrique, comme nous le verrons bientôt, cette erreur seule opposera au succès de l'entreprise un obstacle invincible!

Cette illusion est d'autant plus dangereuse

qu'elle est très naturelle, et qu'il faut beaucoup de réflexion pour s'en garantir. L'homme croit vite à la réalité de ce qu'il espère, et, pour lui, espérer c'est déjà jouir. Or, une colonie est une brillante espérance, une magnifique promesse faite à l'avenir. Quoi d'étonnant si le temps présent prend pour lui cette promesse, s'il cueille d'avance avec une joie prématurée les fruits de l'arbre dont il vient de confier la semence à la terre? Nous sommes loin de songer à interdire l'espérance aux fondateurs de colonies, car c'est elle qui encourage le travail et dissimule les fatigues ; notre intention est seulement de combattre l'exagération d'un sentiment qui pourrait abuser les esprits sur le choix des moyens propres à conduire au succès désiré.

Partout et toujours, en supposant la réunion des circonstances les plus heureuses, la fondation d'une colonie, dans un pays nouveau, doit être regardée comme une entreprise immense, laborieuse, qui exige l'emploi des forces les plus énergiques et en même temps les plus intelligentes que possède une nation civilisée. En effet, fonder une colonie n'est-ce pas entreprendre de faire en quelques années ce que l'humanité n'a fait qu'en des milliers d'années, c'est-à-dire créer une société, soumettre à l'homme le sol, le climat, les éléments d'une terre jusque-là barbare et indomptée! or, pour obtenir un résultat si merveilleux, n'est-il pas nécessaire de compenser la brièveté du temps par l'énergie des moyens, le nombre et la qualité des instruments? Ces moyens et instruments sont des hommes, des forces conquises et employées par des hommes, comme les capitaux et le travail. Est-ce donc chose facile que de produire de grands efforts en peu de temps? Est-ce donc une petite entreprise que de transformer un désert en pays civilisé, une terre sauvage, inculte, presque toujours insalubre, en campagnes cultivées et fécondes? Il nous suffira de jeter un rapide coup d'œil sur les conditions nécessaires à l'accomplissement d'un pareil travail, pour nous convaincre de sa difficulté et ne plus nous irriter de ses lenteurs.

Quand on jouit, en toute sécurité, des bienfaits d'une société civilisée, on a peine à s'imaginer ce qu'il a dû en coûter pour les obtenir. Heureux héritiers des richesses accumulées par le travail d'un grand nombre de siècles, nous oublions que des milliers de générations ont concouru à les produire, et nous regardons ordinairement comme un présent gratuit de la nature les biens les plus précieux dont nous jouissons, et qui sont le prix des efforts continus et des fatigues d'une société tout entière. Nous vivons du travail de nos pères beaucoup plus que de notre propre travail, et si nous étions abandonnés à nos seules ressources, nous péririons de misère sur le sol qui nous fait vivre aujourd'hui dans une facile abondance!

Or, une colonie n'a d'autres ressources que celles qu'elle emporte avec elle; elle vient s'établir sur un sol inculte, désert ou livré à la barbarie, d'autant plus rebelle d'abord à la production qu'il est plus fertile. Cette nature bienfaisante, maternelle, que chante la poésie, c'est la nature soumise à l'homme par le travail, mais non la nature primitive, livrée à elle-même, comme celle des contrées vierges, c'est-à-dire que le travail humain n'a point fécondées. La nature primitive n'a pour l'homme que des rigueurs; elle est pour lui un antagoniste acharné, implacable, et, dans la guerre qu'elle déclare, il faut ou sortir vainqueur ou périr ! Les forces naturelles les plus bienfaisantes, si elles ne servent pas l'homme, deviennent ses ennemies, et les plus grands efforts de travail et d'intelligence peuvent seuls les contraindre à servir. Toute société qui commence a ses travaux d'Hercule à accomplir; il lui faut détruire les animaux sauvages et la végétation inutile, contenir et diriger les eaux, assainir le sol, couper enfin toutes les têtes de l'hydre renaissante, et surmonter victorieusement les obstacles que lui oppose une nature ennemie. La fable de l'Hercule antique est l'histoire symbolique de l'origine des sociétés.

Mettons des hommes aux prises avec cette nature vierge, et voyons ce qui se passe.

En 1585, le célèbre Walter Raleigh transporte sur la côte d'Amérique 107 colons, dans le pays qui forme aujourd'hui la province de l'Union appelée Caroline ; la misère ramène bientôt en Europe le petit nombre de ceux qui n'ont pas succombé à la peine. En 1587 et 1590, Walter |Raleigh et White envoient en Amérique une seconde émigration, à laquelle se joint celle que dirigea Gosnold en 1602 ; ces malheureux colons n'eurent pas la force de s'établir sur la terre nouvelle. Le pays n'était qu'une impénétrable forêt, interrompue, tantôt par de grands lacs et marais, tantôt par des champs de roseaux et des savanes à perte de vue; l'établissement européen n'avait ni la force, ni le courage nécessaires pour triompher de pareilles difficultés, et tous les colons périrent bientôt par la faim et les épidémies. Le nord de l'Amérique fut abandonné à ses déserts jusqu'au moment où l'amour de la liberté et la vertu proscrite allèrent y chercher et y trouvèrent une patrie !

Mais cette prospérité si rapide que nous admirons dans les colonies anglaises du nord de l'Amérique, fondées par l'émigration religieuse du xviie siècle, croyez-vous qu'elle n'ait pas été achetée par un travail immense et des fatigues surhumaines ? Par leur nombre, leur moralité, leur intelligence et les capitaux qu'ils avaient emportés avec eux, les émigrants fondateurs de l'Union américaine étaient capables de gigantesques efforts, et il ne fallait pas moins pour accomplir une pareille tâche. Lorsque le noyau d'une colonie est solidement constitué, qu'il se compose d'hommes assez nombreux, assez bien choisis, pour représenter la force, l'intelligence et la moralité de la société dont ils se sont détachés, alors le développement de la colonie marche avec une grande rapidité et comme de lui-même. Les établissements agricoles qui sont amenés à l'état productif fournissent bientôt les moyens d'en créer de nouveaux; les jeunes émigrants profitent de tous les travaux accomplis avant eux, et chaque jour la besogne devient plus facile. Le colon n'est plus abandonné à ses efforts individuels; la société nouvelle entreprend et accomplit de grands travaux collectifs, ouvre des routes, creuse des canaux de navigation et d'écoulement, jette des ponts sur les fleuves, pénètre le désert et le féconde. Mais qu'on n'oublie pas le point de départ; sans un noyau de colonie fortement et régulièrement constitué, tout cela eût été impossible!

D'ailleurs, malgré les ressources qu'offrent aux émigrants le voisinage et le concours d'une puissante société, la création d'établissements nouveaux, le défrichement des terres incultes, n'en est pas moins une opération laborieuse qui ne répond pas toujours aux espérances de ceux qui l'entreprennent. Chaque jour la civilisation européenne pénètre plus avant dans le désert; chaque jour un certain nombre d'émigrants acquièrent en Amérique la propriété, l'aisance, et quelquefois la richesse; mais c'est toujours au prix d'un travail pénible, de dures privations, de longues souffrances. Dans le Nouveau-Monde comme dans l'Ancien, l'homme n'obtient rien pour rien, et c'est par du travail qu'il lui faut acheter la satisfaction de ses besoins; seulement, en Amérique, la récompense du travail est généralement plus large et mieux assurée. Vous admirez avec raison les belles fermes et les riches campagnes des états de l'ouest de l'Union américaine; mais n'oubliez pas qu'il y a dix ou quinze ans, ces fermes où règne aujourd'hui le bien-être n'étaient que des cabanes de troncs d'arbres au milieu des bois.

Songez-vous à l'immense quantité de travail qu'il a fallu pour arracher du sol ces forêts aussi vieilles que lui, et changer le désert en campagnes cultivées? Savez-vous ce que les pionniers aventureux ont souffert dans les *loghouses* (1), au milieu de ces muettes solitudes? Qui sait combien de sueurs, combien de larmes humaines a bues cette terre sauvage, aujourd'hui si riante et si docile? Comptez tous les émigrants qui ont passé la mer, comptez ensuite ceux qui sont parvenus à s'établir dans le monde nouveau, et vous serez effrayé du nombre d'hommes qui ont péri à la peine! Si l'immensité de la distance, les frais du voyage n'avaient pas condamné tous ceux qui ont mis le pied sur la terre d'Amérique à y vivre par le travail ou à y périr, qui sait si le désespoir n'aurait pas ramené en Europe un très grand nombre de colons? La colonisation américaine a aussi ses désenchantements, ses désespérantes lenteurs, ses insuccès; et ce qui se passe en Afrique m'a donné la conviction

(1) C'est le nom de la cabane de troncs d'arbres, la première maison de l'émigrant.

qu'elle était puissamment servie par son éloignement. La distance n'effraye pas celui qui émigre, mais elle lui rend le retour impossible. Nous verrons plus loin que le voisinage de l'Algérie avec la France, la facilité du retour, enlèvent à la naissante colonie presque autant d'hommes qu'ils lui en amènent.

Il est encore une autre condition, la plus importante de toutes, sans laquelle la fondation d'une colonie est absolument impossible. Pour déterminer la prospérité ou plutôt l'existence d'une colonie, il ne suffit pas qu'une émigration constante et assurée lui fournisse en abondance les capitaux et le travail nécessaires à une pareille entreprise, il faut encore, et avant tout, que ces deux grands instruments de la production soient réunis dans les mêmes mains ou associés. Si les deux forces de la production, le capital et le travail, ne fonctionnent pas ensemble et d'un commun accord sur la terre nouvelle qu'il s'agit de peupler et de conquérir à la civilisation, elles se frapperont l'une l'autre d'une impuissance absolue. Le capital ne pourra acheter le concours du travail qu'à un prix excessif, et le travail n'ayant d'autre gage à offrir que des espérances, sera privé de celui du capital, ou ne l'obtiendra qu'à prix d'usure ; et, s'ils restent ainsi isolés, l'un d'un côté, l'un de l'autre, ils demeureront longtemps à peu près improductifs. Mais cette idée, pour être bien comprise, demande quelque développement.

Dans une vieille société, la plus grande richesse consiste dans le sol qui la porte et la fait vivre. Celui qui possède une certaine portion de ce sol n'a pas besoin de dépenser la plus petite quantité de travail personnel pour le rendre productif. Il trouvera sans peine à en céder l'usage à un agriculteur, sous condition d'une redevance annuelle qui lui permettra de vivre dans l'aisance et même dans la plus grande opulence, suivant l'étendue de sa propriété. Il aura à son commandement une immense quantité de travail pour fertiliser et améliorer sa terre, et ce travail s'achètera à un prix assez modéré pour assurer à l'agriculteur fermier un profit suffisant et une forte rente au propriétaire. Il arrivera même, selon la manière dont la propriété et l'industrie seront constituées dans cette société, que le travail, réduit à se faire concurrence pour trouver de l'emploi, s'offrira chaque jour à plus bas prix, de sorte que l'un des éléments de la production, le capital, opprimera et appauvrira l'autre, qui est le travail. Dans une vieille société, la séparation des instruments de la production, pourra être suivie de conséquences déplorables, et imposer à une classe très nombreuse de la population des fatigues inouïes et une misère sans espoir; mais elle n'arrêtera pas pour cela la production; et, au contraire, elle lui imprimera pour un certain temps, une activité immense, une fécondité merveilleuse quoique désordonnée.

Il n'en saurait être de même sur une terre nouvelle, inculte ou livrée à la barbarie; là il n'y a pas de propriété foncière, parce que la terre est sans valeur, et que sa possession ne suffit pas pour obtenir le concours du travail. Le sol n'a réellement d'autre valeur que celle qu'il reçoit de la présence et du travail de l'homme : une terre brute ne donne à son propriétaire d'autre droit que celui de la cultiver lui-même; car s'il veut la mettre en valeur par le travail des autres, le prix de ce travail emportera tout ou presque tout le produit, et, dans certains cas, plus même que le produit. Dans les pays civilisés, ce n'est pas la possession du sol en lui-même, le degré de sa fertilité naturelle, qui donnent à la terre sa valeur et produisent le fermage, ainsi que le prétendent les économistes de l'école anglaise ; ce sont des circonstances indépendantes du sol, toutes créées par le travail de l'homme, par la civilisation. Lorsqu'un propriétaire afferme un domaine productif à un agriculteur, ce n'est pas seulement l'usage du sol brut qu'il lui cède, mais la faculté de profiter du travail accumulé sur ce sol pendant de longues années, sous forme de défrichement, d'améliorations successives, d'aménagement des eaux, de clôtures et de bâtisses. Et ce n'est pas tout ; chacun sait, et il n'est pas besoin d'avoir étudié l'économie politique pour cela, que le percement d'une route nouvelle, la construction d'un canal, le voisinage d'un vaste centre de consommation, augmentent, dans une grande proportion, la valeur d'une terre et par conséquent le prix de son fermage. Or toutes les améliorations faites au sol national, soit par la société, soit par les individus, tous les progrès de la population, concourent à former, à rehausser le prix de la terre. Otez à la terre le travail accumulé sur elle et autour d'elle, rasez les habitations que la main de l'homme y a élevées, diminuez la population ; supposez au lieu d'habitants innombrables, groupés en communautés civiles et politiques, des hommes dispersés, nomades, quelques rares tribus : alors, dites, que restera-t-il ? Il restera le terrain brut, inculte, un sol sans valeur, jusqu'à ce que le travail et la population lui en aient créé une !

On peut dire que le travail nécessaire pour mettre un pareil sol en plein produit égale et même surpasse la valeur qu'il acquiert lorsqu'il est cultivé. Aussi tous ceux qui se sont occupés des colonies ont-ils reconnu que la première condition de succès était, pour elles, la facilité offerte aux émigrants de se procurer de la terre à très bon marché et presque pour rien. La chose la plus funeste au développement d'une colonie, ce sont les vastes concessions faites à des gens qui ne peuvent ni ne veulent cultiver ce qu'on leur concède, ce sont les appropriations prématurées, c'est, en un mot, l'accaparement de la terre, sous quelque forme, et par quelque cause qu'il s'opère. Cet accaparement a pour conséquence de donner à la terre une valeur artificielle et prématurée, qui forme longtemps obstacle à sa culture. Les propriétaires ne cultivent pas, à cause de la cherté du travail; mais ils détiennent la terre et la mettent sous le séquestre, attendant que le défrichement des terres voisines et les progrès de la colonie créent une valeur à leur domaine, afin de le revendre ensuite à bon prix. S'ils cultivent, ils ne peuvent le faire que par le travail servile ou à peu près servile, en jetant sur le sol qu'ils possèdent des légions de misérables transportés gratuitement de la métropole. « L'accaparement d'une terre inculte, dit Adam Smith, est le plus grand obstacle à son amélioration. » Le grand économiste attribue la rapide prospérité de l'Amérique du nord à ce que ce fait désastreux s'y est fait sentir avec moins d'intensité qu'ailleurs. « L'accaparement des terres incultes, dit-il, quoiqu'il n'ait pas été entièrement empêché, a été plus restreint dans les colonies anglaises que dans les autres. La loi coloniale imposait à tout propriétaire l'obligation d'améliorer et de cultiver, dans un délai donné, une portion de ses terres, et, en cas de non exécution de cette clause, elle déclarait que ces terres négligées pourraient être concédées à d'autres personnes. Quoique cette loi n'ait pas été strictement exécutée, elle a toutefois produit de bons effets (1). » Mac-Culloch confirme ici la doctrine du maître dans un curieux passage que nous croyons bon à citer : « Dans une colonie où une grande partie du capital est engloutie par l'achat de la terre, la demande du travail doit être limitée, et encore ce marché limité ne tarde pas à être surchargé par des légions de pauvres transportés gratis de l'Angleterre. Nous disons des légions de pauvres, parce que peu de travailleurs en état de payer leur passage, et connaissant ce qu'il en est, iront volontairement dans une colonie où le prix de la terre est *artificiellement* élevé à

---

(1) *Richesse des Nations*, liv. IV, ch. 7.

une haute valeur, et celui du travail *artificiellement* rabaissé (1). »

Les deux faits économiques les plus remarquables qui se produisent dans la fondation d'une colonie sont donc, le peu de valeur de la terre et le haut prix du travail. Il résulte de ces deux faits que si le travail et le capital ne sont pas réunis ou associés, la production devient à peu près impossible. C'est là la grande difficulté que rencontrent à leur début les colonies où il n'y a d'autre travail disponible que du travail libre, du travail européen ; c'est ce qui fait que la fondation de pareilles colonies est extrêmement lente et difficile, lorsqu'elle n'est pas secondée par l'intervention d'un gouvernement intelligent et fort. Les circonstances providentielles qui ont si miraculeusement servi l'Amérique du nord ne sont pas prodiguées dans l'histoire, et il n'arrive pas souvent que les rois des états civilisés soient obligés d'arrêter l'émigration vers les pays déserts pour ne pas perdre

(1) Voy. *Commentaire* de Mac Culloch *sur Adam Smith*, note XXIII, p. 599 de son édition.

les meilleurs et les plus braves de leurs sujets. Aujourd'hui les Cromwell, les Hampden, s'il en existe encore, ne songent guères à quitter leur patrie, et les colonies attendraient en vain que des William Penn, des ducs de Baltimore vinssent leur apporter des vertus et des lois !

Aujourd'hui on ne quitte ordinairement un pays civilisé que dans l'espoir d'arriver plus vite, sur une autre terre, à l'aisance et à la fortune. Si les émigrants n'emportent pas avec eux un capital assez considérable pour mettre en valeur une portion de terre, gratuitement concédée ou achetée à très bas prix, il leur est impossible de s'établir et d'attendre la récolte. Cette terre qu'ils possèdent à titre de concession ou d'achat n'a pas encore assez de valeur pour que le capital consente à leur prêter son concours, et le propriétaire du plus vaste domaine trouverait difficilement à emprunter l'argent nécessaire pour en défricher une portion. D'un autre côté, ceux qui, par esprit de spéculation, voudraient se faire entrepreneurs de travail, rencontrent dans le haut prix de la main d'œuvre un obstacle presque insurmontable. Il est évident qu'à l'exception de circonstances perturbatrices, comme une émigration forcée de pauvres et de malfaiteurs, le prix du travail doit être plus élevé dans une colonie que dans la métropole; car du moment où ce prix baisserait au-dessous de ce qu'il est en Europe, les émigrants cesseraient d'apporter des bras à la naissante colonie. Or, il serait facile de prouver qu'au prix où s'achète ordinairement le travail sur le marché européen, le défrichement et l'exploitation d'une terre inculte seraient une entreprise ruineuse. On sait que, même dans un pays civilisé et bien peuplé, les opérations de défrichement sont rarement de bonnes affaires pour ceux qui les entreprennent les premiers. Et cela ne tient pas, comme on le croit généralement, à l'infériorité relative des terres mises ainsi en culture, mais à la nécessité où l'on se trouve de dépenser, en peu de temps et comme tout d'un coup sur elles, tout le travail qui s'est accumulé peu à peu sur les terres anciennement cultivées. Le capital qui s'est immobilisé successivement et peu à peu dans toute exploitation agricole peut être considéré comme un capital amorti. Mais si un seul et même propriétaire était obligé de faire l'avance de tout ce capital ; s'il devait dépenser à la fois tout ce qu'ont coûté les bâtisses, défrichements, plantations, fossés d'irrigation et d'écoulement, clôtures, etc., il est probable que le produit de la terre défrayerait difficilement, pendant plusieurs années, l'intérêt de ce capital.

Les faits confirment sur tous les points les principes que nous venons d'exposer. Les colonies australiennes sont les établissements européens les plus importants qui aient été fondés depuis que le sentiment religieux et l'esprit de liberté ont jeté en Amérique les semences d'une nouvelle société : il est bien entendu que je ne parle pas des établissements purement commerciaux ou d'exploitation, comme sont les possessions des Anglais dans l'Inde. Or l'histoire de l'Australie, la lenteur et la difficulté de ses progrès, la manière dont ces colonies ont été fondées prouvent, avec la dernière évidence, que la transplantation d'une société sur un point encore inculte du globe est la plus laborieuse de toutes les entreprises, et que, abandonnée aux seuls efforts de la spéculation individuelle, elle est à peu près impossible. On sait que le point de départ des colonies australiennes est un établissement pénal. Ce sont des mains serviles, des travailleurs forcés qui ont élevé Botany Bay, et défriché les premières terres de la Nouvelle-Galles du Sud. Ici, le travail a été contraint de féconder et de meubler le sol colonial en échange de la chétive pitance allouée aux condamnés. Lorsque des émigrants libres vinrent s'établir près de la ville des *Convicts*, ils empruntèrent au bagne colonial les bras nécessaires pour s'établir et pour exploiter. Bientôt le travail des *Convicts* ne suffit plus aux besoins de la colonie; le travail libre, tant celui des condamnés libérés que des Européens émigrants, monta alors à un prix si élevé qu'il emportait la plus grande partie du produit, souvent tout le produit, et quelquefois plus. La facilité d'obtenir des terres faisait que personne ne consentait à travailler pour les autres, et le travail privé du concours du capital, le capital de celui du travail, restaient impuissants, parce qu'ils étaient isolés. Pour remédier à cet inconvénient, l'Angleterre éleva le prix des terres jusqu'à 12 et 20 schellings l'acre, tandis qu'aux États-Unis les meilleures terres de la vallée du Mississipi ne coûtaient qu'un dollar l'acre. L'effet de cette mesure fut évidemment de donner aux États-Unis les travailleurs disposés à émigrer à la Nouvelle-Galles, et la rareté des bras maintint le haut prix du travail. Pour le rabaisser à un taux plus accessible au capital, on résolut d'emprunter à l'Angleterre des légions de pauvres, et de les transporter gratuitement à la Nouvelle-Galles; mais l'énormité des frais de transport ne permit pas de donner à cette émigration artificielle le développement nécessaire pour amener le travail au taux où le capital pouvait trouver avantage à l'employer (1).

Malgré les encouragements que le gouvernement a donnés à cette colonie, malgré les

(1) Ces embarras économiques ont été parfaitement exposés dans un pamphlet très spirituel publié à Londres en 1829, sous le titre de *a Letter from Sidney, the principal town of Australia*, edited by Robert Gouger. Le véritable auteur de cet écrit est M. Wakefield, écono-

secours puissants que de riches compagnies lui ont prêtés, dans un pays où l'esprit d'entreprise est porté à son plus haut point, sa marche a toujours été lente, difficile et embarrassée; et encore, elle est plutôt, en grande partie du moins, une colonie pastorale qu'une colonie agricole. Le principal produit de la Nouvelle-Galles se compose de la laine des innombrables troupeaux que les colons élèvent sans trop de peine sous ce climat tempéré, dans les vallées et plaines d'alluvion qui forment d'immenses et inépuisables prairies. Cette colonie a été fondée en 1733 par Arthur Philip, qui, le premier, y transporta 778 condamnés et 212 marins. Les commencements de l'établissement furent désastreux; pendant les dix ou vingt premières années de son existence, les malheureux *convicts* furent en proie à une famine perpétuelle, et presque tous périrent. Aujourd'hui, après un demi-siècle d'existence et d'ef-

miste original qui, dans un autre ouvrage publié sous le titre de *England and America* aussi bien que dans le pamphlet précité, a montré une rare intelligence de la question des colonies.

forts, la Nouvelle-Galles du Sud ne compte encore que 110,000 habitants et 38,000 *convicts* (1). C'est à peine si, en un demi-siècle, elle est parvenue à former le noyau d'une société civilisée. Il est probable que désormais sa marche sera plus assurée et plus rapide; mais il lui aura fallu un demi-siècle seulement pour commencer !

Maintenant que nous avons exposé les vrais principes, selon nous, qui président à la formation et au développement des colonies, il nous sera plus facile d'étudier les conditions auxquelles la colonisation du nord de l'Afrique est possible, et de découvrir les moyens qui permettront de réaliser cette grande et nationale entreprise.

(1) M. Grote, Chambre des communes, 25 mars 1841.

CHAPITRE II.

De la colonisation en Afrique ; de sa nécessité comme moyen de compléter, d'assurer et d'utiliser la conquête.

La colonisation de l'Algérie nous présente, au premier coup d'œil, un caractère qui ne se rencontre pas dans les colonies modernes, fondées au delà des mers, et qui se retrouve seulement dans les colonies militaires de l'Autriche et de la Russie : c'est le caractère particulier aux colonies du peuple romain, celui qui fait de ces sortes d'établissements une entreprise nationale, une nécessité politique.

La colonisation est la seconde partie de la question d'Afrique; et s'il est vrai que cette question exige une complète et prompte solution, s'il est vrai qu'elle intéresse, comme nous l'avons déjà dit, l'intérêt et l'honneur de la France, elle n'est plus seulement une entreprise secondaire et contingente, que l'on peut abandonner à la discrétion du temps, des individus et des circonstances, mais, au contraire, une entreprise revêtue du caractère de la nécessité, qui doit être menée avec résolution et persévérance. Sans la colonisation, la conquête militaire du nord de l'Afrique, après avoir exigé des efforts immenses, héroïques, demeurerait à jamais une conquête négative, dont la conservation ne tarderait pas à lasser les forces et à épuiser les ressources du peuple conquérant. Soumettre par la guerre le nord de l'Afrique et imposer à ses habitants la loi de la paix, c'est seulement conquérir le droit de restituer à la civilisation une contrée qui lui appartenait autrefois, et que la barbarie a changée en désert. Si le vainqueur n'use pas activement de ce droit, il aura inutilement triomphé de l'espace, et sa conquête ne sera pour lui qu'un embarras et un fardeau! On dira peut-être : Mais les Turcs n'ont pas fait autre chose, et leur souveraineté s'est bornée, jusqu'au dernier jour, à l'action matérielle de la force. Oui, cela est vrai; mais il est vrai aussi que leur gouvernement ne pouvait se maintenir qu'avec le secours d'un système impitoyable de spoliation; et encore, les tributs levés dans un pareil pays n'auraient jamais suffi pour le maintenir, s'il n'était parvenu à se créer au dehors des impôts plus productifs. Le véritable revenu des deys d'Alger consistait dans le profit de la course, ou plutôt dans les contributions forcées que l'insolence impunie des pirates avait imposées à la plupart des nations chrétiennes. L'or de la Cashbah d'Alger n'avait pas été ramassé en Afrique; c'était de l'or européen audacieusement volé par la piraterie! Dans le cas où la conquête n'aurait d'autres ressources que celles tirées du pays, il serait impossible d'y entretenir les forces nécessaires pour la conserver : il faudrait alors que les contribuables français comblassent éternellement le déficit des finances africaines, et supportassent à eux seuls toute la contribution que les pirates d'Alger levaient sur les nations de la chrétienté! Quel conquérant accepterait une pareille situation, qui le rendrait à jamais, et sans profit, tributaire de sa conquête?

De plus, cette conquête négative restera incomplète et provisoire, tant que le pays militairement occupé ne sera pas soumis à la culture, peuplé et exploité par des colons assez nombreux pour y former le noyau d'une société civilisée. Nous l'avons dit déjà, il s'agit d'accomplir en Afrique une double conquête : celle des races indisciplinées par la guerre, celle du sol inculte et vide par la colonisation, et la seconde n'est pas moins nécessaire que la première. Les tribus indomptées du nord de l'Afrique ne sont pas les seuls ennemis qui s'opposent à notre établissement; nous avons dans la solitude et dans la désolante stérilité qui nous entourent, des ennemis plus puissants et plus dangereux, qui font même en grande partie la force des premiers, et qui, s'ils n'étaient pas vaincus à leur tour, rendraient les autres invincibles. Nous avons vu que, pour rester maître du pays, il fallait en occuper fortement certains points, qui devaient servir à nos colonnes actives de moyens de ravitaillement, d'étapes et de relais militaires. Or, tant que nous n'aurons pas autre chose en Afrique que des garnisons militaires, l'occupation ne pourra être que provisoire, elle n'aura pas aux yeux des indigènes ce caractère de durée et de fatalité, qui seul est capable de désespérer leur résistance. Ils ne verront en nous qu'un fléau passager, et ils attendront patiemment que la lassitude et les maladies rappellent nos soldats à la côte. Nous sommes à Medeah, à Milianah, à Mascara, et nous irons sans doute à Tlemcen ; mais combien de temps pourrons-nous y rester avec les conditions de l'occupation actuelle? Voilà la question. Il n'est pas besoin de faire de grands calculs pour démontrer que ce temps ne saurait être bien long. Les garnisons de l'intérieur ne peuvent être approvisionnées que par des convois partis de la côte; le pays ne produisant rien pour nous, tous les objets de consommation doivent être tirés d'Europe, et leur prix, déjà si élevé par lui-même, est encore surchargé par les frais énormes qui résultent de la distance, de la difficulté et des dangers du débarquement sur la plupart des points de la côte, et surtout du transport dans l'intérieur. Aujourd'hui on évalue à 55 francs les frais de transport d'un quintal métrique de farine d'Alger à Medeah; à 80 fr., d'Alger à Milianah. Dans cette dernière ville, le pain coûtait, au mois de juillet 1841, 60 c. le kilogramme; le vin ordinaire, 2 fr. à 2 fr. 50 c. la bouteille. Il en doit être à peu près de même à Mascara. En outre, la rareté des convois, qui nécessitent chacun une véritable expédition militaire, impose perpétuellement aux garnisons le régime des places assiégées. La première garnison de Milianah a péri presque tout entière de faim et de misère pendant l'été de 1840, par suite d'un retard dans l'arrivée du convoi de ravitaillement. Si l'occupation ne s'appuie pas sur un système de colonisation qui permette aux garnisons de tirer du pays même les objets de consommation les plus indispensables, elle est donc nécessairement provisoire, et, par conséquent, elle manque son effet. Nous verrons bientôt comment cette colonisation peut être établie.

Nous sommes, en Afrique, dans la position où se trouvaient les Romains dans la plupart des pays conquis, et particulièrement en Espagne, en Gaule et dans le nord de l'Afrique. Ce grand peuple, qui possédait au plus haut degré le génie de la domination, avait compris, dès le principe, que toute conquête faite par un peuple civilisé sur des nations barbares ou moins avancées, devait nécessairement, pour être complète et assurée, vaincre et coloniser à la fois, surtout lorsqu'elle s'opérait dans un pays mal peuplé et imparfaitement cultivé. Les colonies romaines étaient comme des garnisons placées dans les provinces conquises; elles en assuraient la soumission beaucoup plus activement que n'eût fait la présence d'une nombreuse armée, en communiquant peu à peu aux vaincus, par l'effet du contact et des échanges nécessaires, les idées, la langue, les mœurs et les lois du peuple conquérant. Cette garnison si utile avait, en outre, l'avantage d'agrandir la population et les ressources de la république, et de ne rien coûter à son trésor, une fois qu'elle était bien établie : la fondation des colonies était, de toutes les dépenses, la plus productive; car, en quelques années, elle transformait le pays le plus pauvre, le plus mal cultivé, en une contrée riche, féconde, et vraiment romaine.

Lorsqu'on étudie avec quelque attention l'histoire des Romains, on est étonné de la rapidité avec laquelle ils imposèrent aux provinces les plus rebelles leur langue et leur discipline, et l'on serait tenté de croire qu'ils ont emporté avec eux le secret des conquêtes. Les peuples les plus indomptables, comme les Ibériens et les Celtes, deviennent tout à coup dociles sous la main romaine; et, en moins de deux siècles, ils abandonnent au conquérant leur langue, leurs traditions nationales, leur génie, choses qui semblent de leur nature indestructibles. Hier, le monde était divisé en une multitude innombrable de petites peuplades, parlant des idiomes différents, et toutes en guerre les unes contre les autres ; aujourd'hui, le monde est réuni en un seul empire, où la même langue est partout comprise, sur lequel règne avec force et majesté la paix romaine ! Quelle est la cause de ces merveilles, plus admirées encore que comprises par les historiens ? Évidemment, c'est, par dessus tout, le système de colonisation adopté chez les Romains. La conquête romaine ne passait pas avec la victoire sur les provinces conquises, elle s'y fixait, s'y établissait solidement par la colonisation ; et, à la suite des aigles aux ailes infatigables, le dieu Terme venait s'asseoir sur le sol conquis et en prendre à tout jamais possession. Le génie de Rome avait deviné que, dans l'état où se trouvait alors le monde, il fallait, pour en devenir le maître, le conquérir deux fois : dompter par la guerre les nations rebelles, et se soumettre le sol par l'action d'une population disciplinée et par la culture. En Afrique, nous heurtons à chaque pas les ruines de la domination romaine ; comprendrons-nous enfin l'enseignement de ces nobles débris, qui nous crient, du milieu de leur désolation, que, pour être maître en ces lieux, il faut les peupler et les cultiver?

Deux nations modernes, l'Autriche et la Russie, se sont trouvées avant nous, sur leur propre territoire, dans la nécessité où nous sommes placés en Afrique, et la manière intelligente dont elles y ont obéi, le succès qui a couronné leurs efforts, doivent nous servir d'encouragement et d'exemple. Je ne veux pas dire que la France doive trouver dans les *frontières militaires* de l'Autriche, ou dans les *colonies militaires* de la Russie le modèle de la colonisation africaine; ces deux grandes expériences, faites sur le sol européen, qui mériteraient d'être mieux connues qu'elles ne le sont, peuvent nous apprendre une vérité bien simple et bien importante à la fois, savoir, que pour mener à bien une entreprise nécessaire et nationale, comme celle qui nous occupe, il faut se résoudre à employer tous les moyens propres à conduire au but proposé, si difficile et si coûteuse qu'en paraisse l'application. L'Autriche et la Russie avaient besoin, pour leur sûreté, pour leur prospérité future, de puissantes colonies militaires, et elles ont pris la peine de les créer ; nous, nous avons également besoin de coloniser l'Afrique, mais nous attendons passivement que le hasard, le temps, les circonstances nous fassent cadeau d'une florissante colonie : qui a le plus raison ?

Jusqu'au milieu du dernier siècle, les provinces orientales de la monarchie autrichienne étaient constamment envahies et ravagées par les Turcs. Une partie de la Hongrie, de la Transylvanie, de l'Illyrie, était devenue une solitude librement ouverte à l'ennemi, que n'arrêtaient pas les plus redoutables forteresses. Le prince Eugène, voyant que les victoires et les traités ne suffisaient pas à protéger l'Empire contre de pareils ennemis, comprit que le seul moyen de l'arrêter, était de lui opposer une population fixe, militairement organisée, ayant intérêt à repousser l'ennemi et assez forte pour lui opposer, tout le long de la frontière, un cordon d'hommes armés. L'idée première de cette heureuse invention n'appartient pas au prince Eugène; déjà, bien avant lui, dès l'époque du roi hongrois Sigismond, une grande partie de la frontière avait été militairement colonisée (1); il n'eût qu'à généraliser ce qui existait depuis plus d'un siècle, par exemple, dans le capitanat de Zengh, où la frontière avait reçu pour la première fois une population gardienne. Le système des frontières militaires de l'Autriche a été régularisé, complété et amené à sa perfection actuelle par le Feld-maréchal Lascy, l'un des hommes de guerre et des administrateurs militaires les plus distingués qui aient servi la monarchie autrichienne.

La *frontière militaire* de l'Autriche, gardée par une population agricole et militaire à la fois, comprend une vaste bande de territoire, évaluée à 884 milles allemands carrés, qui s'étend sur une longueur de 227 milles, en Hongrie et dans la province des sept forteresses, et touche sur tous les points la frontière turque. Pour at-

(1) Le maréchal duc de Raguse, dans le premier volume de ses Voyages, où il expose le système des régiments frontières, attribue à tort la première fondation de ces établissements au prince Eugène de Savoie. Une partie de la frontière autrichienne était militairement organisée avant la guerre de trente ans.

tirer sur ce territoire une population nombreuse et fixe, la couronne a distribué des terres à des chefs de famille, sous condition de certaines redevances, dont la principale était l'obligation du service militaire. Les propriétés concédées sont héréditaires; mais ce n'est pas l'individu qui est propriétaire, c'est la famille, laquelle se compose souvent de plus de soixante individus; chaque famille est représentée par un chef, qui partage avec une femme de la famille, appelée maîtresse, l'administration domestique de la petite communauté. Le produit de la terre est également réparti entre tous les membres, avec cette différence que le chef coloniste et la maîtresse reçoivent chacun deux parts. Les familles sont réunies en villages bâtis sur un plan régulier, lesquels forment chacun une compagnie. Un officier, dit d'*économie,* administre les affaires de la compagnie, tient les comptes, répartit les prestations et corvées, et préside à la distribution des produits. Ses soins ne se bornent pas là; il dirige la culture, et remplit les fonctions d'un chef de manufacture agricole. Chaque officier d'économie doit visiter, une fois par quinzaine, toutes les familles qui lui sont confiées, le capitaine une fois tous les mois, le colonel une fois par année. On dit que l'aisance et le bien-être sont partout le résultat de ce système, et que les familles d'agriculteurs soldats se distinguent avantageusement, sous ce rapport, des habitants du reste de ces provinces.

La frontière militaire fournit à l'Autriche, en temps de paix, un contingent de 45,000 hommes, qui ne lui coûtent rien. Les soldats restent, pendant leur service, dans les familles et cultivent la terre, lorsque les officiers ne les appellent pas. La durée du service actif est de douze ans; ce temps achevé, le soldat fait partie de la réserve. Le contingent des frontières ne quitte le pays qu'en temps de guerre, et alors il reçoit la même solde que les autres troupes. Au commencement de la révolution française, la frontière a mis sur pied une armée de 100,000 hommes; en 1815, elle a fourni 62,000 soldats; et ces troupes, qui se lèvent au premier appel, ne sont pas des recrues ignorantes, mais des soldats exercés, disciplinés, façonnés dès la première jeunesse à tous les exercices, à toutes les occupations, à tous les devoirs militaires.

La frontière est divisée en cinq généralats; en 1815, on y comptait trois forteresses, onze villes ou grandes communautés militaires, 24 marchés ou quartiers-généraux, 1995 villages; à la même époque, la population s'élevait déjà à 950,000 habitants; elle a dû nécessairement augmenter depuis, car la facilité d'obtenir des terres en a longtemps favorisé l'accroissement, et déjà ce territoire, qui était une solitude dévastée il y a un siècle ou deux, fournit des émigrants aux autres provinces de l'empire.

L'exploitation du sol se compose presque exclusivement de l'éducation des bestiaux et de la culture des céréales; cependant la frontière produit aussi en abondance des fruits, du vin et des plantes colorantes. L'industrie manufacturière y est peu développée, et les artisans sont ordinairement réunis dans les villes ou grandes communautés militaires. Presque tous les objets destinés à l'équipement militaire sont travaillés dans les familles. Le gouvernement fournit les étoffes ou la matière première; les familles confectionnent, et on leur tient compte de ce travail en déduction de l'impôt.

Mais le plus grand service que l'organisation militaire de la frontière a rendu à l'Autriche, c'est d'avoir réuni en une masse compacte, disciplinée à la guerre et au travail, fixée sur le sol, les races diverses que les invasions ont jetées pêle-mêle dans cette contrée de l'Europe. La majorité de la population se compose de Slaves; mais d'autres races, comme les Valaques, les Hongrois, les Szeklers, les Allemands, en forment une très importante partie. Toutes ces races sont aujourd'hui réunies, organisées sous une forte unité, celle de la discipline, et ne forment plus qu'un seul peuple, une seule armée (1).

Les colonies militaires de la Russie sont plus récentes, et il paraît que la première idée en a été suggérée à l'empereur Alexandre, parce

(1) Voir, sur les frontières militaires de l'Autriche, le premier volume des *Voyages* du duc de Raguse; mais l'ouvrage le plus complet sur ce sujet est encore la *Statistique des frontières militaires de l'empire d'Autriche*, par Hietzinger (*Statistik der militärgrenzen der Osterreichischem Kaiserthums*, Vienne, 1817.

qu'il avait vu des résultats de l'organisation militaire de la frontière autrichienne. Les premiers essais furent tentés immédiatement dans le gouvernement de Nowogorod, sous la direction du général Arakstchejeff; mais ils ne furent pas d'abord très heureux, et ce n'est qu'en 1821, lorsque le comte de Witt fut mis à la tête de cette grande entreprise, que des résultats importants commencèrent à se produire.

Les projets du gouvernement russe, en établissant des colonies militaires sur le territoire de l'empire, étaient beaucoup plus vastes que ceux de l'Autriche, et l'exécution n'en est pas encore achevée. Le but principal que se propose la Russie est d'entretenir à peu de frais une armée permanente considérable, telle que l'exigent l'étendue et la politique de l'empire; on voulait encore rendre plus disponibles les forces militaires du pays, en les concentrant dans les provinces de l'ouest et du midi, sur les points où elles doivent être promptement rassemblées en cas de guerre. L'immensité de l'empire russe, la distance énorme qui sépare les provinces centrales des frontières, base et point de départ des opérations militaires, font que le recrutement ordinaire s'opère très lentement et à grands frais; pour se rendre des provinces du centre aux cantonnements des frontières, les soldats ont à supporter des fatigues accablantes, qui peuvent à elles seules compter pour une campagne, et, pour peu que la marche soit hâtée, ils sont à demi vaincus par la fatigue, avant d'arriver. Lorsqu'il devient nécessaire d'envoyer des troupes d'une extrémité à l'autre de l'empire, on peut dire que les hommes, les effets, le matériel de guerre sont usés avant d'avoir servi. Avec le système des colonies militaires, qui permet d'entretenir une immense pépinière de soldats sur les lieux mêmes où la sûreté et l'intérêt de l'empire appellent les armées, on échappe à la plupart de ces inconvénients, et la grandeur du territoire ne peut plus devenir une cause d'affaiblissement. Mais l'établissement des colonies militaires a encore dans ce pays un autre avantage. Le sol de la Russie est très inégalement peuplé; sur certains points, qui sont en même temps les plus fertiles, comme dans les steppes du midi, la terre est encore à peu près vide, parcourue plutôt qu'habitée par des races à demi barbares, qui renoncent difficilement aux habitudes de la vie nomade. Sur un pareil terrain, coloniser militairement, ce n'est pas seulement garnir de soldats une frontière importante, c'est encore peupler un pays, y introduire la culture, le travail régulier et la civilisation.

Les résultats obtenus, dans un temps très court, par le système de colonisation militaire, en Russie, annoncent qu'il est capable de produire tous les avantages qu'on s'en promet. Malheureusement les documents que nous possédons sur ce sujet ne sont ni assez récents, ni assez complets, pour donner une idée suffisante de ce système et de ses résultats. Le livre du duc de Raguse ne nous apprend pas à beaucoup près, tout ce qu'il nous importerait de savoir. Ce voyageur n'a pu étudier le système que sur un petit nombre de points ; il a judicieusement décrit ce qu'il a vu, mais les renseignements généraux manquent à son ouvrage (1).

(1) On peut consulter, sur les colonies militaires de la

Les colonies de la Russie méridionale sont toutes destinées à former et entretenir une armée de cavalerie, répartie dans les deux gouvernements de Kherson et de Charkoff ; elle forme cinq divisions et se compose de 20 régiments qui représentent environ 40,000 cavaliers équipés et armés.

Les colons militaires proprement dits sont à la fois, comme en Autriche, soldats et travailleurs ; ils donnent à la terre tout le temps qui n'est pas pris par le service, le soin du cheval, de l'équipement et des armes. Mais ici la population tout entière n'est pas soumise à la loi militaire ; elle est divisée en deux portions distinctes, rapprochées, mais non confondues, les colons dits *cantonistes* et les soldats. Les can-

---

Russie, outre le premier volume des *Voyages* du duc de Raguse, le voyage de l'anglais Lyall (Londres 1824), et celui tout récent de l'allemand Kohl, dont la narration a été publiée cette année même à Leipzig (*Reisen in Süd Russland*, von J. G. Kohl, *Dresden, Leipzig*, 1841). Malheureusement, ce dernier voyage est plutôt celui d'un touriste, que d'un économiste. Voir aussi la *Statistique de la Russie*, par M. Schnitzler.

tonistes sont des paysans de la couronne que le gouvernement a réunis avec leurs familles dans des villages bâtis exprès pour les recevoir. On leur a distribué des terres, environ 2,481 toises carrées par charrue, avec obligation d'entretenir un soldat et son cheval par charrue, et de cultiver une certaine portion des terres que l'État s'est réservées. Le soldat n'appartient pas toujours à la famille qui est chargée de l'entretenir, mais il prend part à ses travaux. Les soldats peuvent se marier; leurs femmes et leurs enfants ont droit à des rations; mais ce qui est de bon augure pour ces jeunes colonies, il paraît que l'on fait très rarement usage de ce droit.

La terre concédée au paysan, chef coloniste, n'est pas reconnue héréditaire en principe; mais le propriétaire vivant a la faculté de choisir son successeur, qui est ordinairement son fils aîné ou un de ses plus proches parents, lesquels doivent le remplacer avec l'agrément du colonel. Lorsqu'un chef coloniste a suffisamment prospéré pour se procurer trois paires de bœufs, deux chevaux de trait et deux vaches de plus, on lui donne de la terre pour une nouvelle charrue, et cette nouvelle propriété est franche de toute redevance envers la couronne.

Le premier fils du chef coloniste succède donc ordinairement à son père ; le second fait partie des escadrons de réserve, le troisième est soldat. Ce mode de recrutement ne suffit pas encore pour entretenir le contingent des régiments de cavalerie colonisés ; l'empereur pourvoit à ce manque d'hommes, en envoyant dans les colonies un certain nombre des enfants de soldats, qu'il entretient dans des écoles spéciales sur les différents points de l'empire. On compte en Russie 70,000 enfants de soldats élevés aux frais de l'État pour le métier des armes. Les progrès rapides que fait la population dans les colonies, donnent à espérer qu'elles ne tarderont pas à se recruter elles mêmes. Chaque régiment a son haras qui déjà suffit presque à la remonte et donne, suivant le duc de Raguse, d'excellents produits avec des juments russes et des étalons anglais. De plus, chaque régiment a 200 paires de bœufs de réserve pour les travaux publics, et d'immenses magasins d'approvisionnement. L'empereur fournit l'équipement et les armes pour les chevaux et cavaliers ; le reste est à la charge de la colonie. En Russie, un régiment ordinaire de cavalerie de 1,600 hommes coûte à l'État 600,000 roubles ; dans les colonies les dépenses à la charge du trésor ne s'élèvent qu'à 250,000 roubles par régiment.

On dit que le bien-être actuel des paysans cantonistes contraste d'une manière étonnante avec la misère et la grossièreté d'il y a vingt ans. Pour donner une idée des rapides progrès de ces établissements, le duc de Raguse nous apprend qu'un escadron de réserve du régiment d'Oliropol, établi à Olschanka, possédait, à l'époque de sa visite, 300 charrues, dont 180 seulement faisaient partie de l'organisation primitive ; les 120 autres, et les terres qui leur étaient affectées étaient franches de toute redevance ; elles représentaient ce que l'escadron avait acquis par l'économie et le travail. Dans la plupart de ces établissements le bétail possédé et employé par les paysans cantonistes a plus que doublé. On a fondé récemment dans les colonies une banque de prêt au capital de 2 millions de roubles pour les cultivateurs. Un chef coloniste, c'est-à-dire un paysan qui possède les trois paires de bœufs et les deux chevaux de trait exigés pour avoir droit à la concession d'une charrue, peut emprunter jusqu'à 500 roubles; il ne paye pas d'intérêt la première année, et acquitte seulement trois pour cent à partir de la seconde.

La base de ce système, ce qui en fait la force, c'est l'éducation militaire qui, à partir de huit ans, façonne les enfants au travail, à la discipline et aux habitudes militaires. Jusqu'à huit ans on les laisse dans les familles; de huit à treize ans ils reçoivent l'instruction en commun dans une école militaire, où on leur enseigne à lire, à écrire, à calculer et à obéir; à treize ans, ils comptent au nombre des cantonistes, travaillent et sont exercés régulièrement au maniement du cheval et des armes; à dix-sept ans ils entrent dans les escadrons, soit de réserve, soit d'activité, suivant leur destination.

Dès les premières années de leur fondation, ces colonies de cavaliers ont permis au gouvernement d'établir un excellent système de remplacement militaire. Les cavaliers fournis par les colonies déchargent d'autant le contingent que doit fournir le recrutement ordinaire. Le gouvernement a eu l'idée de préparer des quittances de recrutement ou des exemptions de service militaire en nombre égal à celui des soldats que les colonies lui fournissaient en dehors du recrutement régulier. Ces quittances sont vendues 2,000 roubles chacune aux individus sur lesquels pèse l'obligation du service, et qui possèdent assez de fortune pour payer la quittance. Cette mesure (ukase du 29 décembre 1823) a produit au trésor 7 millions de roubles la première année de sa mise à exécution.

Lorsque le système des colonies militaires sera complétement appliqué en Russie, depuis la mer Baltique jusqu'à la mer Noire, le long de la frontière occidentale, et dans les steppes du midi de l'empire, on calcule qu'il pourra fournir trois millions de paysans soldats, dont moitié sera en état d'entrer en campagne. Si exagéré que l'on suppose ce calcul, ne doit-il pas donner à penser aux autres peuples, qui sont condamnés à supporter le fardeau des armées permanentes ? La Russie est activement occupée à résoudre le grand problème de l'entretien à bon marché des armées permanentes, et de leur emploi productif en temps de paix. Le soldat russe tend à devenir travailleur sans cesser d'être soldat; on l'emploie à la guerre productive contre le sol inculte et désert, en attendant qu'on ait besoin de lui pour la guerre contre les hommes. Les armées sont la plus grande force dont l'espèce humaine puisse disposer, car c'est une force organisée et disciplinée; l'application intelligente de cette force en temps de paix peut transformer en instrument productif et civilisateur ce qui n'a été jusqu'ici pour les peuples qu'une cause de dépense et de ruine. La France est obligée de tenir sur pied une puissante armée; saura-t-elle l'employer pendant la paix à autre chose qu'à monter la garde et à tenir garnison? L'Afrique nous aidera probablement à résoudre à notre tour cet important problème.

Je me suis étendu assez longuement sur les expériences de colonisation militaire faites en Autriche et en Russie, non pas tant pour y chercher des exemples, que pour mieux faire voir qu'une entreprise nécessaire et nationale ne se fait pas toute seule, et que si un peuple a besoin de population et de culture, soit sur un certain point de son territoire, soit dans un pays conquis, il doit se résoudre à chercher et appliquer les moyens propres à déterminer l'établissement de la population là où il en a besoin. L'Autriche et la Russie ont réussi à coloniser en se servant avec intelligence des éléments qu'elles avaient à leur disposition. Ces éléments sont tout autres dans notre pays ; ils exigent des combinaisons différentes, une mise en œuvre plus compliquée ; mais chez nous, pas plus qu'ailleurs, ces éléments ne s'organiseront pas d'eux-mêmes : ils attendent que le gouvernement, chargé de pourvoir aux intérêts généraux de la France, veuille et sache les employer.

CHAPITRE III.

L'Afrique n'est pas colonisable par les seuls efforts des individus ou des compagnies privées; la nature du pays à coloniser, les circonstances économiques et sociales où se trouve la France doivent déterminer la nature et le mode de la colonisation africaine.

Nous avons essayé de démontrer que la colonisation de l'Afrique est une entreprise politique et nationale, et que, comme telle, elle exige, pour être accomplie, l'intervention intelligente de la volonté et de la puissance publiques. Nous avions vu d'abord, en étudiant les lois générales qui président à la naissance et au développement des véritables colonies, que la fondation d'établissements de cette nature réclamait le concours de circonstances providentielles, ou l'emploi régulier, l'action organisée de la force et de la volonté d'un peuple civilisé. Il ne nous reste plus maintenant, pour compléter notre démonstration, qu'à faire l'application de ces lois à la colonie que la France doit fonder en Afrique.

Le gouvernement de la France, effrayé de la grandeur et de la difficulté de la tâche, ne pourrait-il pas abandonner, avec quelque chance de succès, l'exécution de cette grande entreprise aux seuls efforts de l'intérêt et de l'intelligence des émigrants volontaires, que l'esprit d'aventure, la gêne de la pauvreté et l'espoir d'un sort meilleur appelleraient à la côte d'Afrique? Cette question peut se résoudre dans les deux interrogations suivantes, auxquelles ce chapitre a pour objet de répondre : 1° La nature du pays à coloniser, la condition à laquelle l'ont réduit douze siècles de barbarie, permettent-elles à des familles d'émigrants européens de s'y établir isolément et d'y produire en peu de temps, par leur propre travail, les choses nécessaires à la vie ? 2° Le pays colonisateur est-il disposé à fournir de lui-même à la future colonie, par le jeu libre des intérêts privés et sans aucune intervention du gouvernement, une émigration assez nombreuse, assez forte de ressources et d'intelligence, pour former rapidement le noyau d'une société régulière, et transplanter une nouvelle France au delà de la Méditerranée ?

La civilisation européenne, avant de s'établir d'une manière durable dans le nord de l'Afrique, est condamnée, comme l'Hercule antique, à surmonter de rudes et périlleux travaux. Elle a des forces malfaisantes à combattre, une nature rebelle à soumettre, un sol barbare à dompter. La colonisation de l'Afrique est une guerre ; elle exige une discipline, une tactique et de courageux soldats.

Les difficultés générales que nous avons signalées comme inhérentes à la transplantation d'un peuple civilisé sur une terre inculte, se rencontrent toutes à un degré plus élevé que partout ailleurs sur la terre d'Afrique ; les principales sont : 1° le défaut de sécurité résultant des habitudes nomades, de l'esprit de brigandage et du fanatisme brutal des indigènes ; 2° l'insalubrité, produite non par des causes permanentes, mais par l'abandon, la désolation et la stérilité qui pèsent depuis douze siècles sur cette malheureuse contrée ; 3° la nudité et la sauvagerie du sol ; 4° le mauvais régime des eaux, qui transforme alternativement le pays en marécages pestilentiels ou en arides déserts. L'énumération de pareils obstacles ne démontre-t-elle pas suffisamment que de grands efforts simultanés, opérés avec ensemble peuvent seuls en triompher ? Mais examinons de plus près et mettons des individus isolés, des colons épars, abandonnés à leurs seules ressources, aux prises avec les grandes difficultés que nous venons d'exposer.

Jusqu'à ce jour, il n'y a eu sur aucun point de l'Afrique sécurité absolue pour le travailleur agricole et encore moins pour ses produits. Les dangers et les malheurs auxquels les européens sont exposés en Afrique, n'ont pas besoin qu'on les raconte ; ils ont eu assez de retentissement au milieu de nous, pour que personne ne les ignore. Les rares colons qui se sont aventurés hors des villes occupées, ont rencontré tout autour de leurs pas, le pillage, l'assassinat et l'incendie. J'ai vu aux environs de Douéra et de Bouffarik, à quelques lieues d'Alger, de pauvres faucheurs travailler le fusil sur l'épaule, avec des sentinelles postées en haut d'un grand chariot, non pas comme des hommes qui récoltent le produit de la terre, mais comme des pillards qui dérobent furtivement et à la hâte ce qui ne leur appartient pas ; et en effet, cette récolte était plutôt une prise faite hardiment sur l'ennemi, que le produit d'un travail régulier. Pour exploiter utilement un sol quelconque et s'y établir, il faut en être maître, et, à quelques exceptions près, nous ne sommes maîtres en Afrique que de l'espace occupé par nos soldats.

Mais cette déplorable insécurité n'est pas le seul obstacle qui s'oppose à la mise en valeur de la terre africaine, et les déplorables effets qu'on lui attribue exclusivement sont dus, en grande partie, à une autre cause. S'il est impossible de s'établir en sûreté dans notre conquête, si, jusqu'à ce jour, de nombreux camps militaires et la présence d'une armée n'ont pas réussi à protéger les colons qui se sont aventurés au dehors, cela ne tient ni à la nature du pays, ni à la force de l'ennemi, mais à l'inconcevable imprudence qui a livré à la colonisation individuelle un pays qui ne pouvait être soumis et fécondé que par la colonisation organisée et collective. La conquête matérielle était inachevée, incertaine, comme l'est toujours celle de pays à demi déserts, parcourus par des tribus nomades; et au lieu d'occuper le sol par de petits groupes de population, rapprochés les uns des autres, assez consistants sinon pour repousser une invasion, du moins pour intimider les maraudeurs, on a commencé la colonisation par des fermes isolées, hors de vue les unes des autres, perdues et comme abîmées dans une solitude immense, ouverte sans défense possible à tous les périls. Ce qui en est résulté, personne ne l'ignore : en quelques jours le yatagan et l'incendie ont anéanti, malgré les camps protecteurs, toutes ces exploitations si vantées, dont on promettait merveilles à la France.

Ces rudes coups ont si vivement frappé les esprits en Afrique, que le défaut de sécurité y est regardé généralement comme le seul obstacle à la fondation de la colonie. Combien de fois n'ai-je pas entendu répéter : « Donnez-nous de la sécurité, et la colonisation marchera rapidement et toute seule ! » Sans doute il est de la plus grande importance d'achever, le plus complétement possible, la conquête matérielle du pays ; mais exiger de la protection militaire cette sécurité absolue, que peut seule donner la présence d'une population groupée en villages, organisée pour la défense et pour le travail, c'est comme si l'on demandait une forteresse et une garnison dans chaque ferme isolée ; c'est demander l'impossible ! On se fait illusion si l'on pense que des postes militaires, et même des fossés armés de blockaus, sont capables de créer en Afrique cette sécurité absolue que réclame le travail ; ces précautions sont excellentes, comme moyens de favoriser l'établissement des groupes agricoles qui devront former le noyau de la colonie ; mais la sécurité définitive, absolue, ne saurait être produite que par l'application intelligente d'un système de colonisation approprié à la nature et aux conditions du pays.

Dans la situation actuelle de l'Algérie, le défaut de sécurité n'est pas la plus grande difficulté qui arrête le travail agricole. On comprend qu'aux environs d'Alger et dans la Mitidja on attribue la nudité et la stérilité du sol aux perpétuels dangers qu'il faudrait courir pour le cultiver ; mais il n'en est pas de même dans la plaine de Bône, par exemple, où un Européen peut s'aventurer seul à une assez grande distance, sans le moindre danger. La terre est d'une admirable fertilité ; de riches et gracieuses vallées s'ouvrent à la porte de la ville ; le mamelon d'Hippone est couvert d'une végétation aussi belle que productive ; un bois d'oliviers couvre les ruines de la ville de Saint-Augustin et s'étend, sur la rive gauche de la Seybouse, jusqu'à son embouchure ; des travaux d'assainissement exécutés avec assez de succès, ont permis aux Européens de prendre sans danger possession de cette riche plaine ; mais jusqu'ici ils se sont contentés d'acheter, de vendre et de revendre des terres, et de couper des foins, absolument comme aux environs d'Alger. A peine si l'on cultive autour de la ville quelques jardins pour approvisionner le marché de légumes frais (1) ; et si vous demandez sur les lieux la cause d'un pareil abandon du travail agricole, dans une localité si productive, on vous répond que la culture est impossible à cause de la cherté du travail : et on a raison. Bône avec son admirable plaine, avec un commencement de commerce, voit sa population diminuer, tandis que d'autres villes, qui ne sont que des camps militaires, comme Mostaganem par exemple, voient la leur augmenter. Dans la situation où se trouve aujourd'hui

---

(1) Il faut excepter la ferme du général d'Uzer, que son propriétaire fait exploiter avec une admirable persévérance, digne d'être mieux récompensée. La rareté des bras et la cherté du travail forceront le général d'Uzer à se borner, comme les autres, à l'exploitation des foins.

l'Afrique, l'arrivée ou le départ d'un régiment exercent beaucoup plus d'influence sur une localité que le degré de sécurité ou d'insécurité des terres environnantes.

Suivant nous, le défaut de sécurité dont on se plaint avec raison, n'est un obstacle sérieux que pour les entreprises isolées de la colonisation individuelle. Groupez en cinq ou six villages, peuplés par des familles de colons, décidés à rester dans le pays et à y conquérir la propriété par le travail, groupez ainsi les 900 bastides de construction mauresque éparpillées çà et là, sur les coteaux et dans les vallons du sahel d'Alger, et les environs d'Alger vous offriront une égale sécurité à celle qui règne dans la ville!

Mais la colonisation individuelle est encore bien plus faible, bien plus impuissante devant les obstacles naturels, comme l'insalubrité et la sauvagerie du sol, qu'en présence des dangers dont elle est menacée de la part des indigènes. « Il a fallu une longue et forte lutte, dit l'historien Jean de Muller (1), pour défricher

(1) Histoire de la Suisse, l. I, ch. 1 (*Traduct. de Charles Monnard.*

la terre et la rendre habitable et fertile. » Et cette grande lutte de l'homme contre les forces d'une nature insoumise, est à recommencer en Afrique. Est-ce avec des individus isolés, de pauvres familles dispersées, inconnues les unes aux autres, sans aucune solidarité, que la civilisation pourra entreprendre et soutenir une pareille lutte?

La première condition de salubrité, sous le climat du nord de l'Afrique, est un abri contre la chaleur du jour, la fraîcheur des nuits, les pluies tropicales de l'automne. Une famille européenne qui serait condamnée à passer une saison, même la plus favorable, sans autre abri que des planches ou la toile d'une tente, résisterait difficilement à cette seule épreuve. Or, le sol offert aux émigrants est à peu près nu comme le désert, et avant de le défricher il faut s'y construire une maison. La pierre ne manque pas en Afrique ; mais pour bâtir en pierre, il faut que le pays offre déjà des routes solides et sûres, des carrières ouvertes, des fours à chaux, des ouvriers nombreux, c'est-à-dire que, pour construire une maison, il faut avoir à sa disposition un ensemble de forces et de travaux qui ne peut se rencontrer que dans une petite société. Aussi, malgré la rareté et la cherté du bois, on construit en Afrique des cabanes en planches au lieu de maisons. Dans toutes les villes occupées, à l'exception d'Alger, à Oran, à Mostaganem, à Bougie, à Blidah, les Européens n'ont élevé que des abris de planches; et s'ils construisent de véritables maisons à Alger, c'est que là seulement se trouvent réunis les éléments matériels nécessaires à l'établissement d'une société. Hors des murs d'Alger, dans sa banlieue, on ne compte que quatre-vingts maisons en pierres, construites depuis la conquête. Pour que l'homme civilisé s'établît facilement en Afrique, de manière à supporter l'influence d'un nouveau climat, il faudrait donc qu'il y trouvât, à son arrivée, des maisons déjà construites ou les moyens d'en construire; la colonisation individuelle est enfermée dans un cercle vicieux, car il lui faut pour réussir ce qu'elle ne peut pas emporter avec elle, les ressources d'une société civilisée.

En outre, le sol le plus favorable à la culture,

les plaines d'alluvion et les basses vallées sont généralement livrées à des influences malignes, à des exhalaisons insalubres une partie de l'année, et le colon qui entreprendrait de les défricher y rencontrerait presque toujours la fièvre et bientôt la mort. Cette insalubrité, qui a déjà fait tant de victimes autour d'Alger, résulte uniquement de l'abandon du sol et de la stagnation des eaux qui en est la conséquence. Le régime irrégulier des eaux est un inconvénient presque général dans tous les pays que le travail n'a pas soumis à l'homme; mais, sur aucun autre point du globe peut-être, cet inconvénient ne se fait sentir aussi fortement que dans le nord de l'Afrique. La constitution géographique de cette contrée, le peu de distance qui existe entre les montagnes, sources des eaux, et la mer, l'irrégularité des vallées, qui sont plutôt des ravins que des vallées géographiques, le défaut de pente des plaines, ont privé naturellement le nord de l'Afrique de grands cours d'eau réguliers; et les fleuves navigables, les rivières encaissées, sont ordinairement remplacés par une multitude de ruisseaux, de torrents, de cours d'eau intermittents, alternativement impétueux ou desséchés, suivant la saison, et qui se perdent dans les plaines en lacs, marécages ou lagunes. Les rivières les plus importantes de l'Afrique, comme la Seybouse, le Chéliff, ont peine à se frayer en été un passage jusqu'à la mer ; la houle qui bat perpétuellement en côte amoncelle à leurs embouchures des barres de sable qui arrêtent leur cours, et les font refluer en nappes d'eaux stagnantes dans les basses plaines où ils se perdent. Les cours d'eau de moindre importance, les ruisseaux et torrents ne communiquent pas directement avec la mer ; des dunes et bandes de sable, souvent d'une grande épaisseur, leur ferment complétement le passage et les séparent de la mer par une sorte de terre ferme, à travers laquelle ils s'écoulent lentement par infiltration. Ce phénomène se remarque plusieurs fois tout près d'Alger, dans la plaine de Staouéli.

Pendant la saison des pluies, les torrents et ruisseaux grossissent, détrempent et déplacent l'humus végétal et l'accumulent au bas des plaines; en été les vases sont mises à sec, et, comme les ruisseaux n'ont plus la force de percer la barre ou de la franchir, les eaux stationnent en marais dans les moindres dépressions du terrain, et, privées d'écoulement, elles ne peuvent se perdre que par l'évaporation. Les détritus végétaux dont elles sont chargées fermentent avec une terrible énergie dans les boues fangeuses, sous l'influence de la chaleur, et les eaux, qui sont la condition indispensable de la fertilité en Afrique, deviennent ainsi une cause active de contagion et de mort.

La colonisation individuelle, celle qui ne place sur un tel sol que des familles isolées, arrivant sans ordre, les unes après les autres, s'établissant au hasard là où la terre n'est pas possédée et à meilleur marché, aura-t-elle la force nécessaire pour triompher de tels obstacles? N'est-il pas évident que des travaux d'ensemble, étudiés et exécutés sur une grande surface, avec des forces suffisantes pour les accomplir en peu de temps, seront seuls capables de contenir, diriger, écouler et utiliser les eaux? Des travaux partiels, isolés, bornés à une localité peu étendue, n'auront jamais le pouvoir de combattre une cause aussi générale; à Boufarik, au milieu de la Mitidja, des opérations de dessèchement et d'écoulement ont été exécutées avec assez de succès; mais comme elles se sont bornées à l'enceinte du village, elles n'ont que faiblement diminué l'insalubrité de ce pauvre établissement. Les fièvres ont cédé de leur malignité, après l'accomplissement de ces travaux, mais elles n'ont pas disparu, et, pendant l'année 1840, chaque habitant a été atteint quatre fois de la fièvre, et la population décimée. Sur une population de moins de 500 ames, on a compté 2105 cas de maladie et 57 décès, dont il faut retrancher 12 cas de mort violente, c'est-à-dire qu'il y a eu quatre atteintes de fièvre par habitant, un cas de mort sur moins de dix colons, et que la proportion des morts violentes a été plus forte (1 sur 35) que ne l'est la mortalité ordinaire en France. On comprend que ces morts violentes représentent le nombre d'individus tués par les Arabes. Tels sont les effets, et encore les effets atténués, de l'insécurité et de l'insalubrité en Afrique ! Dans d'autres parties de la plaine, au voisinage du Sahel et près de l'Aratch, tous les Européens que la colonisation individuelle y a placés, ont fui ou sont morts. Pendant l'automne de 1838, le directeur de l'intérieur, M. le comte Guyot, a été enlever, avec des fourgons, les malheureux colons qui étaient restés sur l'exploitation de Clauzelbourg et des fermes voisines; on fut obligé d'établir à Tixeraïn une ambulance, comme sur un champ de bataille, pour recueillir les fiévreux du voisinage de la plaine!

Les travaux d'assainissement exécutés à Bône, quoique bien incomplets encore, ont cependant suffi pour réduire de plus de moitié les cas de mort attribués aux fièvres locales. Il est démontré d'ailleurs, par une multitude d'expériences, que l'insalubrité qui résulte de la stagnation des eaux cède promptement aux efforts de l'homme, et qu'il suffit souvent de la culture pour la faire disparaître ; mais, encore une fois, la culture par fermes isolées sera-t-elle capable de produire ce résultat? et quel moyen avons-nous d'obtenir en Afrique des efforts simultanés et collectifs, sinon par l'intervention de la puissance publique?

La colonisation abandonnée aux individus, n'est pas plus capable d'utiliser les eaux pour les besoins de l'homme et pour la culture, qu'elle n'est capable de les diriger et de leur procurer l'écoulement nécessaire. Le nord de l'Afrique peut être assimilé aux contrées tropicales, pour la manière dont la nature y distribue les eaux. Ici, comme dans le voisinage de l'équateur, l'année n'a véritablement que deux saisons, celle des pluies et celle de la sécheresse. Le ciel prodigue l'eau à la terre pendant quelques mois et la lui refuse pendant le reste de l'année; et quoique cette contrée reçoive une provision d'eau plus considérable que la France (1), elle est exposée périodiquement à des sécheresses calamiteuses, qui gênent et trop souvent détruisent la vie des animaux et des plantes. Pour qu'une population agglomérée puisse vivre et prospérer sous un pareil climat, pour

---

(1) L'observation a démontré que, dans une année, il tombe plus d'eau en Algérie qu'en France.

que la vie sédentaire y remplace la vie errante, il faut nécessairement qu'un bon système d'aménagement des eaux corrige l'irrégularité de leur distribution.

L'eau n'est pas aussi rare en Algérie qu'on le suppose; mais elle se perd facilement ou se cache sous le sol. En été, à peine une source se montre-t-elle à la surface, qu'elle disparaît; et telle source qui fournirait assez d'eau pour la consommation d'un village, si cette eau était recueillie et dirigée, suffit à peine, dans l'état actuel, à la consommation d'une ou deux familles. Le petit ruisseau qui se jette dans la gorge à l'entrée de laquelle on a bâti Philippeville, est entièrement desséché en été, et des puits d'assez mauvaise qualité sont la seule ressource des habitants et de la garnison de cette ville; du temps des Romains, le même ruisseau fournissait en tout temps de l'eau saine et abondante à une population nombreuse. Et comment cela? les Romains s'étaient donné la peine de recueillir dans des conduits et de conserver dans des réservoirs, l'eau des sources voisines qui se perdent aujourd'hui sous le sol avant d'atteindre la ville. Les Romains savaient qu'en ce pays il faut prendre l'eau à la source même, la recueillir dans un conduit couvert pour éviter l'évaporation à l'air et l'infiltration dans le sol, et l'accumuler dans des réservoirs ; aussi les mêmes localités qui sont pour nous le pays de la soif et de la stérilité, étaient pour eux le pays de la fertilité et de l'abondance ! En beaucoup d'endroits il faut aller chercher sous le sol l'eau bienfaisante et l'amener à la surface; dans le Sahel on a creusé un grand nombre de puits, et partout on a trouvé de l'eau, le plus souvent à une moindre profondeur qu'on ne l'eût rencontrée en Europe, dans un terrain analogue. La plaine du Hammah, auprès d'Alger, sur la baie, n'est arrosée que par des puits à roue, munis d'un réservoir ou *nôria* et servis par un âne; un puits de ce genre est à lui seul une petite fortune, car il donne au sol qu'il arrose une miraculeuse fécondité.

Dans les localités privilégiées où l'eau coule perpétuellement à la surface et en abondance, comme à Blidah, et tout le long des pentes du petit Atlas, on ne peut obtenir la fécondité que le sol promet, et même la salubrité, qu'à l'aide d'un système d'irrigation bien entendu. Or, si des travaux exigent jamais une direction intelligente et unitaire, ce sont ceux d'irrigation. Laissez les individus utiliser chacun pour soi un cours d'eau, se l'approprier à leur guise, et ce qui aurait suffi à toute une ville et à un vaste territoire, sera inutilement consommé ou perdu par les premiers occupants. Je n'ai pas besoin de démontrer que les individus livrés à eux-mêmes, n'auront pas, d'un siècle peut-être, l'intelligence et la force nécessaires à l'accomplissement de semblables travaux. A Blidah, les désordres et les tristes nécessités d'une occupation purement militaire, ont en quelques années détruit le système d'irrigation établi par les Maures ; les canaux ont été bientôt obstrués, les rigoles coupées, les bassins démolis, et les jardins d'orangers, privés de l'eau nourrissante, étaient menacés de périr, à l'époque où je les visitai. Eh bien! si le gouvernement n'avait pas pris sur lui de rétablir le système d'irrigation, s'il avait attendu que des colons isolés, arrivant les uns après les autres, réparassent les désastres de la guerre, il aurait attendu en vain, et la magnifique végétation de Blidah aurait péri ; et cependant il n'y avait rien à créer ici, mais seulement à imiter et à refaire.

On sait quelle influence la présence des grands végétaux exerce sur la salubrité d'un pays et sur le régime des eaux. Or, le sol de l'Afrique est nu, dépouillé, et, depuis des siècles ses barbares habitants n'y laissent croître que des broussailles : chaque année, à l'époque des chaleurs, les Arabes mettent le feu à leur sol pour le débarrasser des végétaux que la dent de leurs bêtes n'a pas dévorés, afin, sans doute, que les troupeaux puissent brouter des pousses fraîches l'année suivante. Et cependant, les arbres ne demandent qu'à croître en ce pays, et les rares sujets que le feu ou la dent des bêtes a épargnés çà et là, témoignent magnifiquement de la richesse de la végétation africaine. J'ai rencontré en Afrique, et tout le monde a dû le faire comme moi, des ormes, des platanes, des trembles, des pins, aussi bien venus que les arbres de nos plus belles forêts. Je ne parle pas des végétaux particuliers au pays, des oliviers de Bougie et d'Hippone, des orangers de Blidah, des caroubiers et figuiers des massifs du Petit-Atlas et du Sahel, végétaux admirables qui prouvent que la Faune africaine serait aussi riche que celle de toute autre contrée, si le travail et l'intelligence de l'homme lui accordaient la faveur et la protection dont elle a besoin pour naître et se conserver ! On a beaucoup parlé de la nécessité de reboiser l'Afrique; mais, n'est-ce pas là encore un travail qui exige une direction unitaire et des efforts collectifs conduits vers le même but ?

Tous ces faits, que nous abrégeons, ne nous autorisent-ils pas à conclure que la colonisation individuelle est impuissante à fonder ce noyau colonial autour duquel devra se développer une société nouvelle ?

La situation économique et sociale de la France est encore moins favorable que la nature du nord de l'Afrique à la fondation spontanée de véritables établissements coloniaux.

De tous les états de l'Europe, la France est peut-être celui qui est le moins préparé à fournir, à un pays comme l'Afrique, une émigration capable de se suffire à elle-même et de s'établir toute seule. Les éléments de colonisation que nous possédons sont si peu développés encore, qu'il leur serait impossible de s'organiser eux-mêmes ; s'ils ne trouvent pas dans le gouvernement, intéressé à la création de la colonie, un secours puissant et une direction intelligente, ils n'auront pas la force de se réunir, et encore moins celle de peupler et de cultiver une terre nouvelle.

Une véritable colonie doit être surtout agricole ; or, la situation économique de notre pays nous permet-elle d'espérer le défrichement d'une portion du nord de l'Afrique, par la seule action des capitaux et du travail individuels, lorsque ces capitaux et ce travail suffisent à peine à l'exploitation de notre sol? En France, est-ce préférablement vers l'exploitation du sol que sont dirigés l'intelligence et les capitaux de la nation? Évidemment et malheureusement non! Par des causes trop connues pour qu'il soit nécessaire de les exposer ici, et qui tiennent principalement au régime d'exception auquel la propriété foncière est soumise, la grande masse des capitaux du pays se porte presque exclusivement vers les emplois du commerce et de l'industrie, vers les offices vénaux et les fonds publics : il y a surabondance et même encombrement de ce côté, tandis que le dénûment se fait sentir dans les fonctions de la production agricole. Est-il raisonnable de penser que les capitaux iront d'eux-mêmes, par dévouement sans doute, faire sur la terre africaine ce qu'ils refusent de faire sur le sol national, prêter aide et concours au travail ? Mais on ne sait que trop que le dévouement n'est pas la loi des capitaux, et qu'un intérêt puissant, décisif, est seul capable de leur imprimer une direction! Cet intérêt existe-t-il? est-il assez entraînant pour produire l'effet désiré? Oui, dans l'avenir ; non, dans le présent! Or, c'est du présent qu'il s'agit, et quand l'appât offert au capital n'est pas présent, immédiat, le capital résiste obstinément à son attraction. Mais on dira peut-être : les nouveaux établissements coloniaux de l'Angleterre trouvent bien, sans trop de peine, des compagnies qui les patronent; à cela nous répondrons que la situation économique des deux peuples ne peut pas se comparer sous le rapport de la fonction des capitaux. En Angleterre, des compagnies privées ont exécuté tous les chemins de fer dont la Grande-Bretagne avait besoin, et même plus; pourquoi le même fait ne peut-il se reproduire en France? Parce que la France ne possède pas une masse de capitaux flottants, empressés de trouver de l'emploi, même en courant le plus grand risque; parce que nous n'avons pas chez nous une aristocratie regorgeant de richesses, qui consente à engager son superflu dans des entreprises incertaines et de produit éloigné!

Un système vicieux d'instruction publique détourne des fonctions de l'agriculture encore plus d'intelligences que notre situation économique et le régime actuel de la propriété foncière n'en éloignent de capitaux. L'éducation, presque exclusivement littéraire, offerte à toute la classe moyenne, dirige la très grande partie des intelligences vers les professions dites libérales, celles d'avocat, d'écrivain, les charges vénales, les emplois publics ou la vie d'élégance et d'oisiveté. L'attraction vers les professions libérales est si puissante, qu'elles sont déjà dangereusement encombrées ; il y a dans ces fonctions bien des intelligences de trop, bien des aspirants superflus, menacés de ne jamais trouver place ; et plus d'un homme lettré, plus d'un lauréat de collége s'agite douloureusement pour trouver le moyen de vivre. Mais cette population intelligente, propre à tout en général, excepté au travail productif, fût-elle encore plus surabondante, s'agiterait et souffrirait sur place, mais n'émigrerait pas. La gêne ne la forcerait à changer de vocation, que si la voie était déjà largement ouverte, et le noyau de la société nouvelle depuis longtemps créé.

Quels sont donc les éléments qui nous restent pour fonder la colonie africaine ? Des spéculateurs, de petits trafiquants et de pauvres journaliers, et encore, parmi le bien petit nombre d'émigrants européens qui sont venus d'eux-mêmes en Afrique, la proportion des travailleurs agricoles est infiniment la plus faible. Je me souviens qu'à Blidah on comptait, à l'époque de mon passage, 20 jardiniers seulement sur 260 colons ; tout le reste se composait de petits trafiquants attirés par la consommation de l'armée. L'émigration abandonnée à elle-même donne, en général, moins d'un travailleur agricole pour trente cantiniers ou petits trafiquants, et c'est la proportion inverse qui devrait exister. La boutique est la profession libérale des classes inférieures, et l'attraction qui les entraîne vers cette fonction est aussi forte dans notre société, que celle qui porte la classe moyenne vers les charges et les emplois. La boutique est également encombrée, et comme on peut vendre aussi bien en Afrique qu'en France, le petit trafiquant émigre volontiers. A Alger, il y a proportionnellement plus de boutiques que dans la ville de France la plus peuplée.

Le paysan français n'émigre pas aussi facilement, à beaucoup près. D'abord il est généralement moins à l'étroit sur le sol de nos campagnes que le boutiquier ne l'est dans les villes ; ensuite il est fortement attaché au pays par le sentiment et les traditions ; et l'ignorance tranquille dans laquelle il vit ferme son imagination aux lointaines sollicitations de l'espérance. Cependant il existe, depuis plusieurs années déjà, sur notre sol, les éléments d'une émigration agricole assez nombreuse pour suffire aux besoins de la colonisation africaine. Sur certaines parties du territoire, en Franche-Comté, en Alsace, l'extrême division du sol qui est tombé entre les mains des travailleurs, le haut prix de la terre résultant de la concurrence que se font les paysans pour en acheter une parcelle, sollicitent déjà un grand nombre de familles à quitter le pays où il n'y a plus de place pour elles. D'ailleurs cette population est plus disposée à l'émigration que celle des campagnes du reste de de la France, elle a l'instinct des races germaniques, l'instinct voyageur, et le moindre espoir suffit pour l'arracher du sol natal. Mais cette émigration, pour produire de bons effets, demanderait nécessairement à être favorisée et dirigée par l'autorité publique. En outre, ces émigrants n'emportent pas avec eux les instruments nécessaires à leur établissement en Afrique; ils manquent de capitaux et aussi d'intelligence, et l'intervention du gouvernement peut seule leur prêter ce qui leur manque ; comment cela ? C'est ce qu'il est bientôt temps de faire voir.

Voilà donc le gouvernement condamné à se faire colonisateur ! Jusqu'à ce jour, il n'a pas encore osé accepter cette tâche ; et, malgré la triste expérience de ces onze années, il voudrait répéter encore aujourd'hui ce qu'il disait aux Chambres à l'époque de la fondation du camp d'Erlon à Bouffarick : *Le gouvernement ne colonise pas ; mais il laisse faire les colons, qui agiront à la faveur et à l'abri des établissements militaires.* Le gouvernement ne savait pas sans doute alors que ces établissements militaires, tant qu'ils resteraient purement militaires, devaient opposer à la colonisation l'un des plus grands obstacles qu'elle ait rencontrés en Afrique ! Si on trouve que nous avons insisté trop longtemps sur la démonstration d'une vérité si évidente, l'erreur dans laquelle le gouvernement est tombé au sujet de la colonisation individuelle, erreur dans laquelle il est encore et où il restera obstinément jusqu'à ce qu'on le force d'en sortir, devra nous servir d'excuse.

Bien que nous ne partagions pas les illusions répandues en Afrique et en France sur l'efficacité de la colonisation individuelle, abandonnée à elle-même, nous sommes pourtant loin de l'exclure de l'œuvre africaine; elle y a sa place marquée, et son rôle, qui n'est pas sans importance, ainsi que nous allons le faire voir, en exposant les moyens propres à créer en Algérie ce noyau de société européenne que la France a pour mission de fonder.

CHAPITRE IV.

Comment il est possible de peupler et de cultiver le nord de l'Afrique. — Emploi de l'armée et organisation des émigrants. — Création de petites communes agricoles. — Projets de M. Stockmar et de M. l'abbé Landmann. — Colonies militaires. — Quel est le rôle utile de la colonisation individuelle ? — Nécessité de faire rentrer dans le domaine public, par l'expropriation, les terres appropriées et incultes.

Nous avons exposé les principes généraux qui président à la formation des colonies, les conditions nécessaires d'où dépendent leur existence et leurs progrès, et déjà nous avons pu entrevoir, sinon les moyens particuliers, du moins la méthode générale de la colonisation africaine. Nous avons étudié ensuite le caractère national et politique de l'entreprise, et nous avons vu qu'à ce titre, elle réclamait impérieusement l'intervention du pouvoir public; de plus, l'examen de la nature du pays à coloniser, celui des circonstances économiques et sociales où se trouve le peuple colonisateur, nous ont autorisé à conclure que l'esprit d'entreprise et les seuls efforts des individus étaient insuffisants pour créer en Afrique le noyau d'une société nouvelle.

S'il est vrai que la colonisation de l'Algérie est la seconde partie de la conquête, et par conséquent nécessaire, commandée par l'intérêt politique et l'honneur national; s'il est vrai, d'un autre côté, que les efforts des individus ne suffisent pas à déterminer la fondation de la colonie, il est évident que la force publique, c'est-à-dire le gouvernement qui en dispose, est obligé, sous peine de forfaiture, de venir en aide à l'œuvre en péril, et d'entreprendre, pour le compte de la société, la grande affaire nationale.

Mais comment le pouvoir public sera-t-il capable d'accomplir une pareille tâche? Comment les immenses difficultés que nous avons étudiées céderont-elles à l'intervention de la force sociale? C'est ce qui nous reste maintenant à examiner. Les moyens que nous allons proposer ressortent si naturellement de tout ce que nous avons dit, ils sont si simples, que tout le monde, je l'espère, les aura devinés d'avance. Le mérite n'est pas de les découvrir, car l'observation des faits et la nature des choses les révèlent à quiconque veut se donner la peine de les interroger; le grand mérite sera de les appliquer. Là, sur le terrain de l'application, il ne faudra pas seulement de la sagacité et du bon sens, il faudra de la résolution, du courage, de la persévérance et du dévouement! L'Afrique ouvre au peuple qui voudra et saura la conquérir un vaste champ de gloire; et, dans la situation politique où nous sommes placés, il me semble que nous devrions saisir avec empressement cette occasion de nous honorer et de nous grandir! Le gouvernement qui tirera glorieusement la France des embarras où elle est engagée en Afrique, aura droit à la reconnaissance du pays : n'est-ce pas là un prix d'une valeur immense, surtout dans le temps où nous vivons, et le gouvernement actuel de la France comprendra-t-il quel avantage il y aurait pour lui à l'obtenir?

Il s'agit de peupler et de cultiver successivement, mais le plus rapidement possible, une terre inculte et barbare ; nous sommes en guerre déclarée contre un sol rebelle, une nature ennemie; et dans cette sorte de guerre, pas plus que dans celle que l'on soutient contre les hommes, ce n'est pas des forces individuelles, agissant isolément, mais des forces organisées, disciplinées, qui peuvent remporter la victoire. Ces forces sont des hommes, du travail et des capitaux. Quelles sont les manœuvres propres à discipliner ces instruments de la conquête du sol africain par la population et la culture?

L'émigration seule, et l'émigration volontaire, peut fournir la population. Cette émigration est peu nombreuse encore; et, comme nous l'avons vu, elle ne contient pas, à beaucoup près, les éléments nécessaires à la fondation d'une colonie. Cependant, telle qu'elle est, elle pourrait suffire, sinon à peupler et cultiver rapidement une grande portion du nord de l'Afrique, du moins à y tenter, sur une modeste échelle, quelques expériences agricoles, qui, sagement conduites, pourraient servir de point de départ à la véritable colonisation. Le tout est de commencer en Afrique; et la création d'un seul village agricole, constitué de manière à faire vivre régulièrement une centaine de familles du produit de la culture, serait, à nos yeux, le salut de la question d'Afrique, l'heureux commencement et le gage du succès. Or, la seule émigration française, si on voulait l'utiliser avec intelligence, nous permettrait d'obtenir prochainement et sûrement ce résultat. Si les émigrants agricoles, qui, dans l'état actuel des choses, osent s'aventurer en Algérie, y trouvaient à leur arrivée le moyen de vivre et de s'établir sans trop de peine et de souffrances, ils arriveraient bientôt en assez grand nombre pour occuper toutes les places qu'on aurait à leur offrir.

Il est à ma connaissance que, pendant mon séjour à Alger, les bateaux de la correspondance apportaient chaque semaine des demandes de concessions de terres pour sept ou huit familles disposées à l'émigration, et un assez grand nombre de colons. Au commencement du mois d'août dernier, la direction de l'intérieur avait reçu, d'un seul coup des demandes pour quarante-huit familles agricoles. Je ne sais ce que l'administration répondait à ces demandes, que la raison et l'humanité commandaient de repousser, puisque rien n'était préparé pour recevoir des émigrants agricoles. Jusqu'au moment où l'on a établi des colons à Cherchell, Boufarik était le seul point où il était facile d'obtenir des concessions de terres aux environs d'Alger. Et qu'est-ce que Boufarik? un malheureux village, perdu au milieu de la Mitidja, et même au milieu de son enceinte, qui est celle d'une ville de 25,000 ames, une localité malsaine, où chaque habitant est menacé d'avoir la fièvre quatre fois par an, où l'on compte un décès sur dix habitants, et un assassinat sur trente-trois! Et cependant, avec des conditions si défavorables, Boufarik se peuplait; on y construisait chaque jour des maisons nouvelles; la culture et les plantations y prenaient de l'importance, et cela, parce qu'il était facile d'y obtenir des concessions! Il est vrai que Boufarik était alors administré par un homme plein d'activité et de zèle, M. Bertier de Sauvigny, qui a même eu le tort de vouloir grandir forcément et trop tôt sa petite colonie. Ailleurs, il était presque impossible d'obtenir des concessions; les terres dont le domaine peut disposer ne sont ni cadastrées, ni reconnues, et il faut attendre des mois, des années que ces formalités soient remplies. Et puis, les émigrants se présentant isolément, peut-on les exposer dans des lieux non encore habités, librement parcourus par ces terribles maraudeurs qui emportent des têtes humaines pour butin? Des deux ou trois villages qui existent autour d'Alger, pas un n'offre les conditions nécessaires à l'existence d'un établissement agricole. Dely-Ibrahim, le plus prospère, est mal situé et manque d'eau. Douéra est un amas de cabanes en planches, qui n'a d'autre ressource que le passage des convois, et où la vie de l'homme est constamment en danger. Dans les parties du Sahel plus rapprochées d'Alger, toute la terre cultivable est possédée, et il faudrait l'acheter à ses détenteurs pour avoir le droit de la défricher. Que fera l'agriculteur dans une pareille colonie? Il deviendra marchand de vin et de liqueurs, charretier, ou bien, s'il ne meurt pas, il repassera en France. Consultez la statistique des arrivées et des départs, et vous connaîtrez exactement la situation économique de notre prétendue colonie africaine. Pendant l'année 1840, on a compté à Alger 6,376 arrivées et 4,545 départs, avec les décès, 5,225 individus de perte ; à Oran, 1,841 arrivées, 1,506 départs, avec les décès, 1,761 ; à Bône, 2,351 arrivées, 2,084 départs, avec les décès, 2,358. Le premier trimestre de l'année 1841 a donné, pour Alger, 1,328 arrivées, 921 départs, avec les décès, 1,102 ; pour Oran, 462 arrivées, 302 départs, avec les décès, 373 ; pour Bône, 397 arrivées, 251 départs, avec les décès, 282 ; pour Philippeville, 772 arrivées, 608 départs, avec les décès, 641. Ainsi, sur tous les points de l'Afrique, le nombre des départs égale presque, avec les décès, le nombre des arrivées ; à Bône, il le surpasse pour l'année 1840 !

La première chose serait donc de régulariser l'émigration et de fournir aux colons volontaires les moyens de s'établir ; cette direction et ce secours ne doivent pas être regardés comme une faveur, puisque la nécessité commande de les accorder. Les colons ne pouvant pas apporter avec eux les ressources nécessaires à leur établissement, et le pays n'en ayant aucune à leur offrir, il est évident que si l'on veut avoir une colonie, il faut lui procurer au moins la possibilité de naître.

Pour qu'une réunion de familles puisse travailler avec succès au défrichement du sol en Afrique, il est nécessaire que de grands travaux préalables soient exécutés pour les recevoir ; il leur faut des abris, un sol salubre, débarrassé des eaux stagnantes, pourvu d'eau, défendu contre les maraudeurs. Si l'on attend l'arrivée des colons pour exécuter tout cela, il sera trop tard, et le plus grand nombre périra ou s'en retournera découragé avant d'avoir mis une seule parcelle de terre en valeur.

Dans notre système, l'administration de la colonie choisirait d'avance l'emplacement que devrait occuper la population émigrante. Cet emplacement serait disposé pour recevoir un village agricole d'environ 100 à 150 familles. On le choisirait dans une localité aussi salubre que possible, situé dans le voisinage d'une ville occupée, et pouvant communiquer facilement avec elle. Le Sahel d'Alger, les pentes du Petit-Atlas, dans les environs de Blidah, lorsque Blidah lui-même sera peuplé et cultivé, les coteaux qui dominent la plaine de Bône, auprès de la ville, sont les emplacements les plus favorables aux premiers essais de la colonisation : Cherchell est encore un des endroits privilégiés de l'Afrique, à cause de la salubrité qui y règne, de la fertilité et de la beauté de la plaine peu étendue qui descend doucement de la crête des montagnes jusqu'à la mer, et aussi à cause de la facilité de la défense ; mais, avant d'y placer une population nombreuse, il faudrait rétablir les aqueducs à l'aide desquels les Romains et les Maures arrosaient la plaine et approvisionnaient la ville.

L'emplacement choisi, mesuré, limité, l'administration coloniale y ferait élever une centaine de maisons, construites sur un plan régulier, favorable aussi bien à la défense qu'à une bonne économie agricole. On a proposé un grand nombre de plans entre lesquels il est facile de choisir ; celui que nous préférons serait un village de forme circulaire, avec un fossé d'enceinte, bordé à quelque distance par les habitations qui formeraient ainsi comme une second ligne de défense ; le centre du village offrirait une grande place où les meules de foin, de blé et de paille pourraient être élevées en toute sûreté ; cette place plantée d'arbres pourrait aussi recevoir le parc aux bestiaux de la petite communauté. Chaque maison aurait autour d'elle, dans l'intérieur de l'enceinte, un jardin potager, planté d'arbres à fruits, de sorte que chaque famille possédât sa vigne et son figuier : en Afrique, une vigne et un figuier suffisent pour ombrager et embellir une habitation ; et les Maures avaient su tirer un excellent parti de la magnifique végétation de leur pays, jusque dans l'intérieur des villes. Cherchell, avant la dévastation de la conquête, était abritée tout entière sous un berceau de vignes.

Mais comment élèvera-t-on les constructions destinées à donner l'indispensable abri à la petite colonie émigrante? quels bras exécuteront les travaux nécessaires à son établissement? pour bâtir et travailler, il faut des hommes, et c'est précisément la population qui nous manque. Emprunterons-nous les ouvriers aux villes qui sont déjà le siége d'une population européenne? mais ces ouvriers suffisent à peine aux besoins de ces villes naissantes, et d'ailleurs le prix de leur travail est si élevé que la création de nos villages agricoles serait une entreprise ruineuse et impossible à de pareilles conditions. A Alger, à Philippeville, partout, la journée d'un maçon, d'un ouvrier en bois ou en fer est communément de 5 à 6 francs. On conçoit que, dans de pareilles localités, où les marchands et débitants sont encore à l'étroit, le haut prix des loyers permette aux entrepreneurs de payer de pareilles journées. A Alger, une buvette ou petit cabaret, pratiqué sous le passage de la Jannina, place du Gouvernement, rapporte 6,000 francs par an au propriétaire; j'ai vu à Blidah, une cabane en planches, qui avait peut-être coûté 800 francs à construire, louée 300 francs par mois; on y tient un cabaret et débit de liqueurs. Quand même le propriétaire aurait payé 20 francs par jour le travail du menuisier, il y trouverait encore largement son compte. Dans le bas de la ville, les loyers sont plus chers à Alger qu'à Paris. Si les abris destinés à notre population agricole doivent coûter aussi cher, il faut renoncer à tout espoir de colonisation. Mais, dira-t-on, on fera appel aux ouvriers d'Europe, et la concurrence abaissera le prix des journées à un taux raisonnable. On ne songe donc pas que les ouvriers dont nous avons besoin en Afrique, sont précisément les membres privilégiés des classes laborieuses, ceux dont la concurrence n'a pas pu encore réduire les salaires à ce fatal *minimum* où elle rabaisse si impitoyablement ceux des malheureux parias de l'industrie! Les professions de maçon, de charpentier, de menuisier, de serrurier, exigent un long apprentissage, de la force et de l'adresse, et ces conditions les ont sauvées jusqu'ici de l'encombrement qui contraint les populations industrielles à se disputer les plus chétifs salaires. D'ailleurs les machines n'entrent point ici en compétition avec l'ouvrier ; et comme ces professions s'adressent à des besoins permanents, indispensables, la demande du travail y est plus régulière et plus égale. Si quelques-unes sont exposées au chômage, c'est à un chômage dont l'époque et la durée sont prévues : elles n'ont jamais à redouter la suspension du travail subite, imprévue, incertaine en durée, des crises industrielles ! L'ouvrier maçon ou charpentier, ne consentira jamais à émigrer en Afrique, que dans l'espoir de gagner plus qu'en France ; or, en supposant que l'abondance de l'émigration n'élève pas le prix du travail au-dessus de ce qu'il est en Europe, je regarde la construction d'établissements agricoles comme absolument impossible à cette condition, aussi bien au gouvernement qu'à des entreprises privées.

M. Stockmar, auteur d'un projet de colonisation qui a fait beaucoup de bruit en France et en Afrique, a fort judicieusement compris cette difficulté ; mais l'idée qu'il propose est tellement impraticable, qu'elle suffirait seule, si on en essayait l'application, pour ruiner la colonie projetée. M. Stockmar propose de faire venir des Tyroliens pour construire des fermes dans la plaine de Bône. Il est vrai que les Tyroliens prêtent leur bras à très bon marché en Allemagne et en Suisse; mais en serait-il de même si on les transportait en Afrique? les frais du déplacement ne rehausseraient-ils pas, dans une proportion considérable, le prix du travail de ces émigrants? un maçon tyrolien en Afrique vaudrait beaucoup plus qu'un Tyrolien en Suisse ou en Allemagne. D'ailleurs M. Stockmar ne nous apprend pas comment ces émigrants consentiraient à se contenter d'un prix de journées cinq fois plus faible que le salaire des autres ouvriers européens. La compagnie coloniale serait déçue dans ses espérances de travail à bon marché, à moins qu'elle n'obligeât envers elle les émigrants par des contrats à long terme. Des contrats qui fixent le prix du travail pour un long terme, c'est la traite des blancs déguisée, et j'espère que ce scandaleux abus, trop fréquent aux États-Unis, sera épargné à une colonie fondée au nom et par l'intervention de la France! Mais en proposant ce moyen, M. Stockmar a-t-il bien songé que ces Tyroliens étaient des Européens non acclimatés, aussi bien que les émigrants dont ils devaient construire les habitations? ces montagnards, habitués à un climat frais et tempéré, supporteront-ils sans danger les fatigues du travail et l'influence du climat d'Afrique, n'ayant d'autre abri que des tentes ou des cabanes? Les pauvres Tyroliens mourront à la peine avant d'avoir achevé la construction des fermes en projet. Si nous n'avons pas d'autre moyen d'élever nos établissements agricoles, ils ne promèneront pas de longtemps la charrue sur la terre d'Afrique (1).

Pour quiconque a étudié sérieusement la situation économique de l'Algérie, il n'y a pas

(1) Nous aurions beaucoup d'autres objections à faire au projet de colonisation de M. Stockmar, notamment à la disposition de ses fermes, qu'il éparpille une à une, deux à deux, sur toute la surface à cultiver. L'agglomération de la population en Afrique n'est pas seulement nécessaire dans l'intérêt de la sécurité des colons; mais dans celui de la culture et de la vie sociale. Sur aucun point

deux moyens d'y préparer l'établissement d'une population agricole : le gouvernement colonisateur ne peut trouver que dans l'armée des forces assez puissantes, et en même temps assez dociles, pour vaincre les difficultés qui s'opposent à la véritable colonisation. La colonisation est une guerre, nous l'avons dit, une guerre longue et difficile contre une terre rebelle à la culture civilisée ; où trouverons-nous, ailleurs que dans l'armée, la force collective, disciplinée, et l'immense quantité de travail qu'exige une pareille lutte ? Attendrons-nous que l'héroïsme et le dé-

du globe, peut-être, la réunion de la population par groupes d'un assez grand nombre de familles, n'est plus indispensable qu'en Afrique.

Le projet de M. Stockmar exigeait des modifications importantes, auxquelles l'auteur se serait prêté, sans doute, si on lui en avait fait sentir la nécessité et la raison. Ses propositions méritaient un examen sérieux ; il nous promettait beaucoup, trop peut-être ; mais n'eût-il tenu que la dixième partie de ses promesses, l'adoption de son projet modifié aurait été un immense bienfait pour l'Algérie. M. Stockmar était le représentant et l'agent d'un grand nombre de familles agricoles de la Suisse, qui paraissaient bien décidées à émigrer en Afrique.

vouement individuels accomplissent, pour le compte de la nation française, les grands travaux de la colonisation africaine? Mais nous croyons avoir démontré que, dans l'état actuel des choses, les plus modestes expériences d'exploitation agricole ne peuvent être tentées avec succès en Afrique, sans le concours du gouvernement; et ce concours n'est possible que par l'emploi de l'armée au travail!

Nous exposerons, chemin faisant, dans toute son étendue, la tâche industrielle de l'armée d'Afrique; contentons-nous maintenant de recevoir et d'établir les colons que l'émigration actuelle nous envoie.

La construction de nos premiers villages étant impossible par le travail libre des ouvriers européens, nous aurons donc forcément recours aux bras de l'armée. Pendant la saison la plus favorable au travail en plein air, un bataillon sera employé à la construction d'un village, sous la direction des ingénieurs chargés de l'exécution des plans arrêtés d'avance. Les maisons seront seulement élevées et couvertes, l'aménagement et la disposition intérieurs pourront être laissés aux soins des colons, auxquels on fournira les matériaux nécessaires. En allouant une haute paye de 50 cent. par jour aux soldats travailleurs, la construction d'un village, tout prêt à recevoir la population agricole à laquelle il est destiné, coûtera dix fois moins que s'il avait été élevé par des ouvriers européens. La création des routes admirables qui embellissent les environs d'Alger, les travaux exécutés par les condamnés, et sur le port et au jardin de Babel-Oued (1), une foule de constructions militaires dans les camps et places occupées, démontrent sans réplique la facilité

(1) Le colonel Marengo, à l'aide de quelques condamnés, a rapidement transformé un terrain couvert de ruines et d'immondices, une pente ravinée, en une magnifique promenade, plantée d'arbres, nivelée et ornée de fontaines. Le jardin des condamnés est le plus beau des environs d'Alger. Les travaux de terrassement exécutés sous la direction du colonel Marengo, auraient coûté plus de 200,000 fr. aux conditions ordinaires ; une allocation de 5,000 fr. accordée par l'administration a suffi pour achever cet immense travail. Le colonel Marengo, encouragé par cette expérience, a conçu le projet de construire un village avec ses condamnés militaires. Il

d'obtenir promptement et à bon marché d'excellents ouvrages, par l'emploi intelligent des bras de l'armée. Je citerai, à l'appui de cette opinion, un fait dont j'ai été témoin à Bougie, et qui m'a beaucoup frappé. Le commandant du brick stationnaire, *le Liamone*, eut l'idée de construire à terre, tout près de la mer, une maison confortable; en peu de temps, avec le seul équipage du brick, il éleva un charmant *cottage*, bâti en pierre, aussi élégant que commode. On manquait de chaux et de briques, ou bien ces matériaux ne pouvaient s'obtenir qu'à un prix trop élevé; les matelots construi-

propose de créer, avec une allocation de 200,000 fr., un établissement agricole destiné à cent familles; les maisons seraient construites, *le sol défriché*, avant l'arrivée des familles agricoles. Ce projet présenté depuis plus d'un an, souvent rappelé par son auteur, est resté enseveli avec tous les autres, dans les cartons de la direction des affaires d'Afrique. Il paraît que l'administration n'a d'argent que pour les dépenses folles et improductives, comme le trop fameux collége arabe, les tableaux d'église que l'évêque garde au grenier, parce qu'il n'a pas de place pour eux dans les petites mosquées converties en temples catholiques, et le reste.

sirent un four à chaux, une briqueterie, et fabriquèrent de la chaux et des briques. A quelque distance du petit château de plaisance, dans un joli repli de terrain ombragé d'oliviers et bien arrosé, qu'on appelle *la Vallée des Singes*, l'équipage du *Liamone* se créa un beau jardin, qui lui fournit des légumes frais en abondance et quelques fruits. Après huit ans d'occupation, la colonisation individuelle n'en a pas fait autant dans la ville de Bougie; car toutes les habitations nouvelles, construites par les Européens, ne sont que des cabanes en planches : le café le plus florissant est un vaste hangar.

Aussitôt que la création d'un village serait arrêtée, l'administration coloniale ferait savoir en France qu'à telle époque, qui devrait toujours être la saison la plus favorable à l'acclimatement et à la mise en train des opérations agricoles, elle aurait à concéder cent ou cent cinquante places de colons à autant de familles disposées à l'émigration. Les préfets de chaque département, particulièrement de ceux qui fournissent les émigrants actuels, porteraient cet avis à la connaissance de leurs administrés, en y ajoutant le détail des conditions auxquelles les colons du gouvernement seraient engagés. Nous appelons *colons du gouvernement*, ceux auxquels on fournit, dès leur arrivée, toutes les choses nécessaires à leur établissement et à la culture. Cet avis devrait fixer l'époque d'embarquement et le port où il aurait lieu, afin que les émigrants pussent être transportés en même temps sur le sol qui leur serait destiné. On éviterait ainsi les misères, la perte de temps et d'argent qui sont la triste conséquence de l'émigration irrégulière et isolée.

Quelle serait maintenant la discipline coloniale à laquelle seraient soumis ces sortes d'établissements, entièrement créés aux frais de la société? Nous ne pouvons que l'indiquer ici d'une manière succinte et abrégée, car en pareille matière les détails sont infinis, et l'expérience seule peut les donner tous.

Les colons recevraient des rations de vivres jusqu'au moment où le produit de leur travail suffirait pour les faire subsister. Pendant les cinq premières années de l'établissement, ils travailleraient en commun sous la direction d'un chef coloniste, nommé par l'administration, et choisi, en attendant qu'on ait formé des chefs de travail agricole en Afrique, dans des établissements spéciaux, parmi les cultivateurs intelligents des départements du midi, où la culture du mûrier et de l'olivier est pratiquée. Le chef coloniste déciderait du choix, de l'emplacement et de l'étendue des différentes cultures, dirigerait les plantations, et remplirait les fonctions de l'officier d'économie dans les colonies militaires de la frontière Autrichienne. On éprouverait dans les commencements beaucoup de difficulté à trouver des hommes capables d'occuper la place de chef de travail agricole, expérimentés dans la culture et en même temps assez instruits pour tenir des comptes réguliers; et je crois qu'il serait nécessaire de former des cultivateurs intelligents à cet emploi. Nous n'avons pas, comme en Angleterre, une classe de fermiers, véritables chefs de manufacture, qui possèdent toutes les connaissances nécessaires à l'exploitation du sol et à la direction d'une grande entreprise. L'œuvre de la colonisation n'a pas en Afrique de service spécial, et c'est le seul intérêt qui ne soit pas représenté dans l'immense administration d'Alger. Il y a quelques années, un bureau avait été institué avec le titre de Bureau de la colonisation ; il a été supprimé sans que rien l'ait remplacé. Il y aurait donc là tout à créer, la fonction et les agents ; mais comme on ne commencerait que par un petit nombre d'expériences, je crois qu'il serait possible de mettre à la tête de chaque établissement du genre de ceux dont nous parlons, un homme capable de diriger l'inexpérience des premiers émigrants.

Le chef coloniste pourrait se faire assister par les colons les plus intelligents ; il tiendrait les comptes de la colonie, qui seraient soumis à la vérification de l'administration spéciale attachée à la colonisation. Tous les quinze jours, un agent de ce service visiterait la petite colonie, et rendrait compte de l'état des travaux. Les produits de la culture seraient répartis également entre chaque famille, et, dès que le matériel et les ressources se seraient accrues, on augmenterait les cultures. Le terrain destiné à chaque village de cent familles comprendrait environ

2000 hectares, qui seraient successivement mis en culture. Au commencement, on ne cultiverait guère plus de cinq hectares par famille.

Après cinq ans de travail discipliné et en commun, lorsque les colons seraient habitués au pays, que leur éducation coloniale serait achevée, on créerait en faveur de chaque famille d'émigrants le droit de propriété, et la terre défrichée pendant les cinq années d'épreuve serait partagée. La propriété individuelle est le but de la colonisation, la base d'une société civilisée ; chaque colon serait alors légitimement propriétaire, car il aurait conquis par son travail la propriété et l'indépendance. La petite colonie, devenue libre, formerait une véritable commune, façonnée par les cinq années de discipline aux habitudes et aux procédés de l'association. La culture du mûrier et de l'olivier, qui deviendrait avec le temps la principale richesse des agriculteurs africains, provoque naturellement à l'association, et les colons n'en refuseraient pas les bienfaits, lorsque l'expérience des premières années de l'établissement leur en aurait démontré l'utilité pratique.

Les terres ainsi appropriées seraient déclarées franches d'impôt pendant cinq années encore; mais à partir de la sixième, les propriétaires payeraient à l'administration coloniale une redevance, calculée au vingtième du produit brut, comme indemnité des frais de premier établissement. Ils devraient aussi dès ce moment subventionner l'instituteur de la colonie, jusque-là payé par l'administration, car il est bien entendu que chaque commune aurait son école et sa chapelle.

Tous les enfants seraient miliciens et régulièrement exercés au maniement des armes; un capitaine instructeur, emprunté à l'armée, commanderait la milice de deux ou trois villages, s'ils étaient assez rapprochés pour communiquer facilement entre eux, et il veillerait à ce que tous les enfants au-dessus de quatorze ans fussent exercés à toutes les manœuvres du soldat; à dix-sept ans, tous les jeunes gens seraient incorporés dans la milice, qui aurait la nomination de ses officiers jusqu'au grade de lieutenant. Chaque dimanche serait consacré à une revue obligatoire, à laquelle se réuniraient les miliciens de trois villages.

Il faudrait écrire tout un livre spécial si l'on voulait exposer un pareil plan dans ses derniers détails, tel qu'il devra être appliqué. Nous n'avons pu ici qu'en donner les principes généraux; pour créer promptement en Afrique des établissements agricoles destinés à devenir le noyau d'une véritable colonie, il faudrait selon nous : 1° construire des villages et disposer le terrain par le travail de l'armée; 2° régulariser l'émigration et transporter à la fois, sur le sol à coloniser, une population assez nombreuse pour commencer immédiatement les travaux; 3° soumettre les émigrants, pendant les cinq premières années, à la discipline du travail en commun ; 4° créer la propriété et constituer la commune, lorsque la colonie est en état de se suffire à elle-même et qu'elle possède déjà les éléments de la vie indépendante. Voilà tout notre projet, et nous n'aurions pas ajouté un seul mot de plus, si nous n'avions pensé qu'un peu de développement était nécessaire pour le faire comprendre.

Nous aurions pu emprunter à une foule de plans que nous avons consultés, beaucoup de chiffres et de calculs ; mais nous ne croirons à ces chiffres et à ces calculs qu'après un commencement d'expérience. Le colonel Marengo promet de construire un village avec ses condamnés militaires, et même de défricher le terrain nécessaire aux premières cultures, au prix d'une simple allocation de 200,000 fr.; l'abbé Landmann demande 400,000 fr. pour chacune de ses grandes fermes, et son projet est l'un des plus remarquables de tous ceux qui ont été proposés. S'il n'avait l'inconvénient d'ériger le sol de sa ferme en bien de main-morte, et de faire du travail commun, de la propriété collective, le régime définitif de sa colonie et non, comme cela doit être, une situation provisoire, une épreuve momentanée, nous en aurions proposé l'application, tel qu'il l'a formulé dans son intéressante brochure (1). Nous supposerons, si l'on veut, qu'un village de cent familles coûte 500,000 fr., pour être en état de recevoir les colons fournis par l'émigration actuelle. Avec cinq millions de dépense

(1) *Les Fermes du Petit-Atlas*, ou *Colonisation agricole, militaire et religieuse du nord de l'Afrique*, par l'abbé Landmann.

annuelle, somme qui représente le revenu actuel de notre établissement d'Afrique, le gouvernement pourrait construire dix établissements agricoles par année. Au bout de cinq ans, le nord de l'Afrique posséderait 50 villages régulièrement constitués, qui seraient pour l'Algérie une force et une véritable richesse.

En portant la population de chaque village à une moyenne de 500 ames, qui serait assurément bientôt dépassée, nous posséderions sur le sol, jusqu'ici inculte et vide de notre conquête, 25,000 travailleurs agricoles qui, convenablement répartis, constitueraient le noyau d'une petite société, et suffiraient peut-être pour déterminer la rapide et entière colonisation du nord de l'Afrique. Ce résultat ne vaut-il pas la peine que l'on travaille sérieusement à l'obtenir? En onze ans, le système actuel, qui n'a pas le mérite du bon marché, a donné à l'Algérie une population de 32,000 Européens, parmi lesquels il n'existe presque pas de travailleurs agricoles, et dont le plus grand nombre se compose d'émigrants de passage, de trafiquants et de vivandiers, ainsi que nous le ferons voir plus loin.

Le système que nous proposons donnerait, en moitié moins de temps, une population à peu près égale, mais une population fortement attachée au sol nouveau, des travailleurs productifs à une colonie qui n'a rien produit jusqu'ici, des citoyens, dignes de ce nom, à la nouvelle société! Lequel vaut mieux ? D'un côté, des dépenses sans produit et pas la moindre espérance; de l'autre, des dépenses productives et de magnifiques espérances : le gouvernement n'est-il pas obligé, par intérêt et par devoir, à tenter une nouvelle expérience?

Si nous proposions ce système comme absolu, exclusif, on serait en droit de nous reprocher de n'avoir pas compris dans toute son étendue la question coloniale. Le mode de la colonisation doit varier comme ses éléments; le principe de l'intervention de la puissance publique, de son concours intelligent domine la question, mais le degré de cette intervention et de ce concours pourra être bien différent, suivant la nature des émigrants qui les réclament. Nous devons espérer que l'émigration ne se composera pas uniquement de journaliers agricoles, n'emportant d'autre ressource que leurs bras ; ce qui se passe même aujourd'hui annonce qu'à ces pauvres travailleurs se joindront, en moindre proportion il est vrai, de petits propriétaires, qui viendront échanger leur modeste capital contre l'espoir d'obtenir en Afrique un instrument de travail plus puissant et plus productif. Les émigrants de cette classe, d'abord peu nombreux, arriveront en proportion beaucoup plus grande, du moment où le noyau de la colonisation agricole sera créé. Cette seconde sorte de colons aura droit immédiatement à la propriété du sol qu'elle peut mettre en culture, et toute la tâche de l'administration devra se borner à grouper cette population de façon qu'elle puisse travailler en sécurité et former le commencement d'une petite commune agricole; la place que devront occuper les colons indépendants sera assainie ou naturellement salubre; une enceinte avec fossé et parapet en terre sera tracée d'avance, les gros murs des habitations seront mêmes élevés avant l'arrivée des colons, qui n'auront plus qu'à fournir le mobilier de l'exploitation agricole. Un avis envoyé aux préfets des départements français, et publié dans chaque commune, fera connaître que, dans telle localité africaine, tant de lots de terre comprenant tel nombre d'hectares sont mis à la disposition des émigrants qui peuvent justifier de la possession d'un certain capital. Les lots seront de contenance variée, de manière à correspondre avec les ressources des colons. On fera en sorte qu'au début d'un pareil établissement une vingtaine de colons au moins y soit placée à la fois ; les autres pourront ensuite y être dirigés isolément, suivant le mouvement naturel de l'émigration ; mais il est indispensable de commencer par un petit groupe. Chaque colon sera obligé de cultiver une partie de la terre concédée en céréales, et de planter un certain nombre d'arbres d'essences déterminées, en rapport avec la nature préalablement étudiée de la localité. Si le colon croyait de son intérêt de modifier cette clause, en substituant d'autres cultures à celles indiquées, il devrait obtenir l'autorisation du bureau colonial. Dès la première formation du petit groupe élémentaire, la base de la commune serait fondée ; la petite société aurait son représentant, désigné par elle, son maire, son conseil de famille; quand même ces magistrats municipaux n'en auraient que le nom, ce serait déjà beaucoup, et nous ne croyons pas qu'il soit nécessaire de leur conférer immédiatement toutes les attributions de la loi municipale de notre pays, ce qui serait d'ailleurs impossible. Mais il faut que cette population se sente quelque chose dès le principe, pour se préparer à devenir réellement quelque chose.

Les terres concédées seraient franches d'impôt pendant dix ans; mais, comme dans les colonies du gouvernement, les concessionnaires acquitteraient dès la sixième une légère redevance, comme prix du concours accordé à leur établissement.

J'ai la conviction que ces établissements mixtes, qui ne coûteraient presque rien en dehors du travail et des fatigues de l'armée coloniale, se développeraient aussi rapidement que les villages entièrement fondés aux frais de l'état, du moment où ces derniers seraient en voie de prospérité. Mais, qu'on ne l'oublie pas, sans la création de villages où les émigrants pauvres seront organisés, disciplinés, et mis en état de conquérir le sol à la production par le travail, sans la colonisation pour ainsi dire artificielle et forcée, dont nous avons parlé d'abord, tout autre mode de colonisation sera difficile et peut-être impraticable!

Maintenant, nous supposerons que des individus munis de capitaux puissants, ou des compagnies disposant de fonds réels, se présentent en Afrique pour y tenter l'exploitation du sol sur une grande échelle : l'administration devra les accueillir avec toute la faveur que permet la justice ; elle leur livrera de vastes domaines à défricher, si toutefois elle en possède dans les localités où une sécurité suffisante puisse être garantie. C'est la première condition ; la seconde est la salubrité. Dans le cas où de grands travaux seraient nécessaires pour l'obtenir, le gouvernement ferait faire par l'armée, lorsqu'il pourrait en disposer, les travaux d'assainissement indispensables, et il ajournerait la concession jusqu'à leur complet achèvement ; là se bornerait son intervention.

Dans aucun cas, quand même la plus riche compagnie lui ferait les plus séduisantes promesses, il ne devrait livrer à la spéculation un sol reconnu malsain par l'expérience ou même d'une salubrité douteuse. En supposant qu'une grande étendue de terrain fût ainsi concédée, les concessionnaires seraient obligés : 1° à cultiver, dans un délai donné, une portion déterminée du domaine; 2° à préparer des abris convenables pour les ouvriers agricoles qu'ils appelleraient à eux. Pendant les onze années qui viennent de s'écouler, on a vu des centaines de pauvres familles allemandes, appelées en Afrique par d'audacieux improvisateurs de colonie, parquées comme des bêtes sur les places publiques, mourant de faim, ou allant périr de fièvres pestilentielles dans les fermes marécageuses de la Mitidja ! On a vu de pauvres émigrants européens entassés dans des masures en ruine, insuffisantes pour les contenir, couchant en plein air, en proie aux maladies et à la famine, se révoltant par excès de misère contre le propriétaire, qui s'était fait lui-même leur pourvoyeur, et qui n'arrivait pas toujours exactement à l'heure de la faim (1)! Pour notre compte, nous aimerions mieux renoncer à tout espoir de colonisation en Afrique, que de la devoir à de pareils moyens! Nous admettons tous les modes, tous les systèmes, pourvu qu'ils soient d'accord avec les vrais principes de l'économie sociale. L'intérêt privé a ses illusions et ses erreurs, surtout dans un pays comme l'Afrique; c'est au gouvernement à veiller à ce que ces illusions ne se transforment jamais en calamités publiques. S'il comprend bien le but auquel il doit tendre en Afrique, s'il possède l'intelligence des principes et des conditions qui déterminent la fondation des véritables colonies, il ne sera embarrassé dans aucun cas, et il distinguera sans peine les en-

(1) Le fait que je cite est très connu à Alger; le propriétaire pourvoyeur possède quelque 10,000 hectares de terre aux environs d'Alger. J'ai vu plusieurs fois cet homme, d'une cupidité cynique, raccoler sur la place d'Alger les gens qui lui paraissaient le plus misérables, afin de les envoyer lui couper des foins à quatre lieues de la ville, au risque d'être tués ou enlevés par les maraudeurs.

treprises solides des projets d'aventure. Toute notre ambition serait de rendre, par ce travail, la tâche plus facile !

Dans les idées que nous exposons, l'armée est le pivot de la colonisation et son plus énergique instrument. A elle seule appartient la rude tâche d'accomplir les travaux d'Hercule qui seuls peuvent soumettre à la production la terre africaine, la terre de *Barbarie !* Et le rôle industriel de l'armée d'Afrique ne doit pas se borner seulement à préparer la place destinée aux colons civils : l'armée doit encore, sur certains points du territoire, cultiver directement et produire, c'est-à-dire coloniser. Aux différentes colonies civiles dont nous avons esquissé les principales formes, seront donc adjointes des colonies militaires.

Nous avons démontré plus haut que l'occupation des postes de l'intérieur, si elle restait exclusivement militaire, n'était qu'une occupation provisoire : le seul moyen de lui donner le caractère de durée qui doit forcer les indigènes à la résignation, c'est évidemment de lui associer la colonisation. En Afrique, il est de toute nécessité que le soldat soit en même temps travailleur agricole; pour être assurée et complète, la conquête doit être nécessairement accomplie sous deux formes différentes, comme nous l'avons dit déjà, par la guerre et par la culture; et sur les points occupés de l'intérieur, il n'y a que les bras de l'armée pour opérer ces deux conquêtes. L'application de l'armée au travail, l'établissement en Afrique d'une population guerrière et agricole à la fois, est au moins aussi nécessaire en ce pays, qu'elle l'était au dernier siècle sur la frontière autrichienne : est-ce trop présumer de notre gouvernement que de lui demander ce que le gouvernement autrichien a su faire il y a un siècle?

La durée et l'efficacité de l'occupation militaire seront incertaines tant que les garnisons postées dans l'intérieur du pays ne seront pas en état de produire l'équivalent de ce qu'elles consomment. Inachevée et douteuse en Afrique, la conquête sera à la merci du premier bruit de guerre qui agitera l'Europe. Le temps tient dans ses plis la paix ou la guerre du monde;

s'il laisse tomber la guerre, la terre d'Afrique aura bientôt dévoré ses conquérants. Nous ne devrons nous regarder comme réellement maîtres de notre conquête, que le jour où nous saurons lui faire produire de quoi nourrir ses défenseurs et ses gardiens. Pendant que la paix nous laisse encore la disposition de nos forces, n'est-il pas de la plus grande urgence d'assurer la conservation de notre conquête? Or, l'emploi de l'armée au travail productif est le moyen le plus direct et le plus prompt de sauver l'Algérie en cas de guerre.

Mais, quand même la colonisation militaire ne serait pas absolument nécessaire à la conservation de la conquête, elle n'en devrait pas moins être entreprise dans l'intérêt de la santé et de la moralité de l'armée. Les postes de l'intérieur, comme Mascara, Milianah et Médéah exigent des garnisons permanentes assez fortes pour tenir la campagne et dominer sur une certaine étendue de pays. Les expéditions et la guerre n'occupent pas tout leur temps, et il est à espérer que le jour approche où la soumission des tribus leur laissera encore plus de loisirs.

Dans de pareils postes situés à vingt-cinq ou trente lieues les uns des autres, où il n'y a d'autre population que l'armée occupante, la vie de garnison peut-elle être autre chose qu'un perpétuel ennui ? Ici la vie militaire ne se suffit pas, car aucune distraction n'en remplit les loisirs : elle est vide, monotone, accablante, et le soldat n'a d'autres ressources contre l'ennui que la cantine et les brutales jouissances. Tourmenté par des besoins de toute sorte, qu'il ne peut satisfaire, attristé par mille regrets, il faut qu'il meure ou s'abrutisse, et c'est aussi ce qu'il fait.

Il est prouvé par l'expérience que les occupations agricoles, la recherche du bien-être par le travail, sont d'excellents préservatifs de la santé et de la moralité des troupes en Afrique. Aussi les chefs de corps intelligents qui commandent les postes de l'intérieur ne manquent-ils pas d'occuper les soldats à des travaux de petite culture, en attendant que la colonisation militaire soit régulièrement organisée. Mascara, Milianah, Médeah sont aujourd'hui entourés de jardins cultivés par les garnisons, et le soldat français commence déjà à planter, semer et recueillir sur cette terre qu'il n'avait fait que dévaster jusqu'ici. En reconnaissance, le sol africain est devenu plus clément pour ses vainqueurs ; il épargne volontiers ceux qui le cultivent et certainement il subira notre présence avec docilité et même avec joie, lorsque nous l'aurons rendu par la culture à ses anciennes destinées !

L'occupation purement militaire est destructive de sa nature. Partout où nous avons concentré des troupes, l'état du pays a empiré, et nos soldats ont fait disparaître les éléments de production qui existaient avant eux. Lorsque Blidah n'était pas occupé, ses jardins et son territoire faisaient vivre une population nombreuse et approvisionnaient la ville d'Alger de légumes et de fruits. Il a suffi de deux années d'occupation pour détruire les conduits d'eau, les jardins, couper les arbres et remplacer l'abondance par une stérilité absolue. A l'époque de mon passage à Blidah, au mois de mai 1841, ce délicieux paradis n'était plus qu'un lieu de désolation. Les jardins n'étant plus ni arrosés ni cultivés, ne produisaient que des plantes sauvages; toutes les clôtures étaient renversées ; les bois d'orangers et d'oliviers, encore debout, mais percés de larges trouées par la hache du génie militaire, étaient abandonnés au sabre des soldats maraudeurs et même des corvées régulières qui faisaient leurs fagots avec des branches d'oranger : ils ne produisaient plus rien, et dans cette localité qui fournissait auparavant les oranges à profusion, au prix de quinze à vingt sous la charge d'âne, j'ai vu vendre des oranges de Mahon à trois sous la pièce. J'ai trouvé Cherchell dans le même état de dévastation; les vignes admirables qui l'ombrageaient étaient coupées par le pied, et les jardins dévastés comme ceux de Blidah. La plaine qui s'étend entre Mostaganem et Mazagran, toute couverte, avant l'occupation, de jardins bien arrosés, ne présentait, lorsque je l'ai traversée, qu'une surface nue, aride et sablonneuse. L'armée, dont la véritable destination est d'être l'instrument et l'auxiliaire de la colonisation, en devient ainsi le fléau. Les camps militaires tracent autour d'eux une large zone de dévastation, et malheur aux travailleurs agricoles qui sèment et plantent dans leur voisinage ; ils sont condamnés à partager la récolte avec les maraudeurs et trop souvent à la leur abandonner tout entière! A Bouffarik il est arrivé plus d'une fois que les arbres plantés par les colons ont été coupés par les soldats, et, au passage d'un convoi, plus d'un habitant a vu les portes de sa maison enlevées par les soldats pour faire cuire la soupe ou allumer le feu du bivouac. Que les garnisons sédentaires travaillent et produisent, et elles cesseront de dévaster, car alors elles ne souffriront plus autant de ce dénûment auquel la stérilité environnante les condamne, et qui les sollicite à tout détruire !

Mais sur quel plan seront instituées les colonies militaires? Comment obtiendra-t-on de l'armée ce travail réparateur, qui changera en instrument de production la force qui jusqu'à ce jour n'a fait que détruire? Rien de plus facile dans le principe que l'établissement de colonies militaires, les éléments existent en abondance, ils sont disciplinés, il n'y a qu'à les mettre en œuvre. Nous diviserons en deux classes les travaux agricoles entrepris par les soldats ; les travaux de garnison, qui ne seront guère que de la petite culture et du jardinage ; les travaux de grande culture, l'exploitation complète du sol par des colons militaires. Les premiers sont déjà heureusement commencés ; les garnisons de l'intérieur ont leurs jardins et même leurs petits établissements industriels. A Médéah, le 53e régiment de ligne, commandé par le colonel Smidt, a très heureusement employé ses loisirs ; il a cultivé en jardinage une assez grande étendue de terrain pour fournir des légumes frais à la garnison, il a coupé des foins, et, pour les rentrer, il a construit des routes et des chariots ; une poterie a été établie et trois mille pièces ont été fabriquées ; on a fait de la chaux, distillé du raisin et même préparé du cuir. La colonne de ravitaillement, lorsqu'elle vint remplacer le 53e, fut étonnée de la bonne condition physique et morale dans laquelle elle le trouva, et cet heureux résultat fut généralement attribué à la salutaire influence du travail. Les mêmes faits se sont reproduits à peu près dans les autres garnisons de l'intérieur.

Ces travaux agricoles et industriels, que nous appellerons travaux de garnison, suffisent pour entretenir la santé et la moralité des troupes, et les sauver de ce cruel dénûment qui les décime et les abrutit; mais ils ne suffisent pas pour assurer la durée de l'occupation et compléter la conquête; des colonies spéciales, militairement organisées, appuyées aux garnisons ou assez fortes pour garder et coloniser tout à la fois, peuvent seules répondre à ce besoin.

Dans sa remarquable brochure publiée en 1838, le général Bugeaud a exposé un plan de colonisation militaire parfaitement conçu, et qui n'a d'autre inconvénient que d'être trop complet. Il voudrait établir sur les points d'occupation de l'intérieur, des légions de soldats colons composées chacune de 9,250 hommes, assez nombreuses pour suffire aux besoins de la guerre, de la domination et de la production agricole. Ces légions se recruteraient par engagement volontaire, contracté par des soldats libérés de l'armée de France et surtout de l'armée d'Afrique. L'engagement serait de six années, au bout desquelles la propriété définitive du sol militairement exploitée serait concédée aux colons qui consentiraient à rester en Afrique. Nous avons la conviction que de nombreux vétérans de l'armée d'Afrique répondraient à cet appel, qui leur promettrait la propriété et l'indépendance en échange de six années de service. On s'étonne du nombre d'anciens soldats qui restent ou reviennent en Afrique, lorsque le pays n'a à leur offrir que de la misère, des dangers et une chanceuse existence. Ce nombre, déjà considérable aujourd'hui, ne le deviendrait-il pas bien davantage, si à la certitude de vivre sous les lois de la discipline et du travail s'ajoutait l'espoir de la propriété? A de pareilles conditions, l'armée d'Afrique se chargerait peut-être à elle seule de remplir le contingent des colonies militaires. Le colonel Marengo a reproduit dans un judicieux mémoire, qui nous a été communiqué, les idées et le plan du général Bugeaud, en modifiant le contingent de la légion coloniale qu'il porte seulement à 4000 hommes environ. Nous renvoyons pour les détails à la brochure du général Bugeaud et au mémoire du colonel

Marengo, que l'administration doit posséder dans ses cartons.

Le succès d'une colonie militaire dépend uniquement de l'homme choisi pour l'organiser et du chef qui sera mis à sa tête. Avec des hommes et de la discipline, rien ne semble plus facile que d'établir un atelier de travail agricole, et ce n'est pas là en effet qu'est la difficulté; toute la difficulté est de trouver un chef de corps qui joigne à la science du commandement, de solides connaissances en administration et en économie agricole; mais heureusement cela n'est pas impossible, et les petits essais de travail organisé qui sont faits depuis quelque temps dans l'armée d'Afrique, prouvent que les colonies militaires ne manqueraient pas de chefs capables, si on voulait se donner la peine de choisir.

Des colonies militaires, formées par des légions de vétérans volontaires, ne sont elles-mêmes que des établissements provisoires, nécessaires pour assurer la durée de l'occupation et compléter la conquête, mais qui ne répondent pas entièrement aux besoins de la colonisation africaine. C'est déjà beaucoup assurément qu'une population européenne soit mise en état de se nourrir et de se défendre sur le sol conquis, mais cela ne suffit pas, il faut encore qu'elle puisse se reproduire et s'accroître. Les colonies militaires, nécessaires selon nous dans l'état actuel des choses, ne sont à nos yeux qu'un heureux point de départ vers un but plus complet et plus élevé. Avec le temps, et lorsque la soumission des tribus indisciplinées sera obtenue, la légion doit se transformer en population régulière, le soldat en chef de famille et en propriétaire. Cette transformation, que je crois possible, présente les véritables difficultés de la colonisation.

Pour s'opérer avec succès, un pareil changement demande à être lentement et sagement préparé. Si l'expérience réussit, il est probable que les colons soldats, au moment de devenir propriétaires, aviseront à se procurer des femmes; on leur accorderait des congés de quelques mois pour venir se marier en France, s'ils avaient l'espoir d'en ramener une femme. Pendant la durée de l'expérience, on pourrait favoriser autant que possible l'établissement de quelques femmes dans la colonie ; elles seraient chargées du linge, de la buanderie, etc., logées à part et placées sous la surveillance de quelques femmes dévouées, de sœurs de la charité par exemple. Je crois que, si la colonie prospérait, beaucoup de femmes répondraient à cet appel, et j'en juge par ce qui se passe aujourd'hui en Afrique. Il en vient partout, et la plus pauvre place bloquée en attire un assez grand nombre : ce ne sont pas comme on pense, des femmes irréprochables qui courent de pareilles aventures ; mais, on ne le sait que trop, les femmes de cette condition, sont en général plus malheureuses que perverties, et plus d'une, si la chance lui en était offerte, deviendrait une excellente ménagère (1).

Le colonel Marengo propose dans son mémoire un moyen d'application qui faciliterait, selon nous, cette heureuse transformation. Il placerait dans sa légion coloniale une centaine d'enfants-trouvés, empruntés aux hôpitaux

---

(1) Voir à ce sujet l'ouvrage de Parent Duchâtelet.

de France, qui ne savent trop souvent qu'en faire des misérables et des vagabonds ; ces petits garçons de 10 à 12 ans, logés à part, mis sous la surveillance d'un officier spécial, deviendraient d'excellentes recrues pour la colonie et un bon élément de population. Lorsque, après les six ans d'épreuve, la propriété et la famille seraient créées, on pourrait faire venir un nombre égal de jeunes filles qui seraient réparties dans les familles régulièrement constituées. Mais l'important est que la colonie militaire devienne prospère, et qu'elle produise assez pour faire vivre les soldats colons dans un bien-être satisfaisant ; si ce but est rempli, les femmes ne manqueront pas à nos cultivateurs propriétaires, et je ne crois pas que les fondateurs de la Société africaine soient jamais obligés de renouveler l'enlèvement des Sabines.

L'armée étant le pivot de la colonisation, il résulte de cette situation que la colonisation ne pourra être entreprise en Afrique, sur une grande échelle, qu'après la soumission par les armes, de la grande résistance arabe. C'est pourquoi il est d'une sage politique de pousser vigoureusement la guerre, afin d'avoir plus tôt à la disposition du travail productif, les bras de notre armée. Mais si nous ajournons la prise en possession en grand du sol africain, il y aurait faute grave à rejeter toutes les entreprises de colonisation après l'achèvement de la conquête matérielle. Il est temps de sortir de l'impuissance où nous languissons depuis onze ans, et il faut absolument que des entreprises de colonisation soient exécutées le plus tôt possible. Elles seront peu nombreuses, aussi modestes que l'on voudra; qu'un seul village de cent familles soit créé en Afrique, si on ne peut pas faire plus, que cette petite colonie parvienne à produire l'équivalent de sa consommation, et la France saura enfin ce qu'elle doit espérer de sa conquête : elle saura que si elle n'a rien produit jusqu'ici, c'est qu'on n'y a rien semé ! Qui sait si la terre d'Afrique ne réserve pas une magnifique récompense à ceux qui l'arracheront à la barbarie ? C'est ce que nous apprendra la première expérience.

Il est une sorte d'établissement militaire

spécial, dont la création nous paraît de la plus grande urgence, nous voulons parler des haras. En Afrique une bonne et nombreuse cavalerie est le plus puissant moyen de domination et de conquête. Le pays possède une race de chevaux de sang généreux, mais appauvri qui, si elle était régénérée, deviendrait pour le vainqueur une force et une richesse. L'établissement de haras destinés à la propagation et à la régénération des chevaux de Barbarie, est donc un objet de première nécessité. La guerre détruit en Algérie une immense quantité de chevaux, et, si elle se prolonge encore, elle fera disparaître du nord de l'Afrique le noble animal qui en était l'ornement et la plus grande richesse. Dans les provinces d'Alger, de Titery et d'Oran, les chevaux deviennent chaque jour de plus en plus rares, l'espèce plus pauvre, et les remontes sont obligées de s'adresser aujourd'hui à la province de Bône et à la régence de Tunis. Le gouvernement a compris, comme tout le monde, qu'il importait à la conquête, d'opposer à cette consommation destructive d'énergiques moyens de reproduction; pendant l'été de

1840, il a chargé le général de cavalerie Blanquefort d'étudier avec soin la plaine de Staouéli, afin de savoir s'il serait possible d'y établir un haras. Mais là s'est bornée l'action du gouvernement ; M. Blanquefort a rempli la mission qui lui était confiée, et, dans un rapport détaillé, il a indiqué une localité très favorable à l'établissement projeté ; le rapport est allé où vont tous les projets relatifs à la colonisation africaine, dans les cartons du ministère, d'où il n'est pas sorti. Pour établir de bons haras militaires nous n'avons qu'à imiter ceux de l'Autriche, dans lesquels ce gouvernement entretient, sans qu'il lui en coûte rien, 3,000 juments destinées à la reproduction. Un officier supérieur, quelques officiers subalternes et des soldats composent le personnel de ces établissements. Les soldats ne sont pas seulement employés à la garde et au pansement des chevaux, ils cultivent une portion de terre assez considérable pour produire tout ce qui est nécessaire à la consommation de l'établissement. *Mezohegyès*, le plus grand des cinq haras militaires entretenus par l'Autriche, renferme 3,000 chevaux ;

onze cents soldats gardiens et cultivateurs suffisent aux besoins de ce vaste établissement, qui ne coûte annuellement à l'empereur qu'une avance de 118,000 florins, dont il est remboursé et au delà par le prix des étalons vendus 1,000 florins chacun aux différentes provinces ou aux particuliers (1).

Tous les modes de colonisation que nous avons esquissés réclament, à des degrés divers, l'intervention de l'état. Mais est-ce que l'état est condamné à tout diriger et à tout faire dans cette immense entreprise? et l'esprit de spéculation et d'aventure ne pourra-t-il donc pas, sans que le gouvernement s'en mêle, remplir une bonne partie de la tâche? Lorsque nous avons démontré que les efforts des individus, abandonnés à eux-mêmes, sans autre guide que l'intérêt privé, étaient impuissants à déterminer la fondation d'une véritable colonie, c'est la colonisation agricole que nous avions en vue, celle qui doit être la base et le noyau générateur d'une société nouvelle. Mais pour être la plus

---

(1) *Voyages du duc de Raguse*, t. 1er

importante, la colonisation agricole n'est pas la seule ; il en est une autre, celle qui existe et se développe en Afrique depuis la conquête, la colonisation mercantile ou commerciale : celle-là doit tout à l'esprit individuel de spéculation et d'aventure, et elle n'a pas besoin d'autre intervention. Partout où il y a à vendre ou à acheter, les marchands abondent, et il en est venu en Afrique autant et plus qu'il n'en était besoin. Il a suffi du seul appât offert par le négoce pour attirer en Afrique un aussi grand nombre d'individus que le trafic pouvait en nourrir. Cette population, bien que composée en grande partie de colons de passage, a rendu de grands services qu'il serait injuste de méconnaître, elle a peuplé les villes, bâti un nombre immense d'habitations, créé en Afrique des intérêts et de la valeur, et préparé à la véritable colonisation un marché important pour ses produits.

Et les services de la colonisation mercantile ne se borneront pas là. Une grande tâche lui est réservée, lorsque la soumission des tribus nous permettra d'entretenir des relations d'échanges avec l'intérieur de l'Afrique. Alors le commerce pourra s'exercer en mode composé, c'est-à-dire échanger des produits contre des produits, au lieu de se borner seulement à échanger des produits européens contre l'argent du budget de l'armée. Jouissant du plein exercice de ses fonctions, son action deviendra bienfaisante, civilisatrice, et contribuera puissamment au rapprochement des peuples. Le commerce, la création de comptoirs, d'entrepôts, de magasins et de boutiques, voilà le champ d'activité que nous abandonnons à la colonisation individuelle, avec la confiance qu'elle saura le féconder; mais nous nous garderons bien de lui demander plus. Si des capitaux acquis dans l'exploitation du commerce trouvent plus tard avantage à défricher et cultiver le sol de la colonie, nous nous en réjouirons comme d'un heureux événement ; mais nous n'attendrons pas pour commencer l'œuvre de la colonisation agricole, que le développement du commerce ait accumulé en Afrique assez de capitaux et de bras pour l'entreprendre avec succès.

Avant d'entreprendre la véritable colonisation, le gouvernement est tenu d'opérer de grandes réformes économiques dans le régime de la propriété, tel qu'il a été établi en Afrique par la conquête. Il faut avant tout, 1° régulariser la transformation de la propriété indigène en propriété française; 2° consolider et vérifier les acquisitions faites par les Européens; 3° faire rentrer dans le domaine colonial les terres appropriées que les propriétaires actuels n'ont pu et ne peuvent de longtemps mettre en valeur.

Avant la conquête, la propriété individuelle n'était pas un principe à Alger, mais seulement un fait; et encore ce fait était soumis, dans certains cas, à des conditions qui en gênaient et souvent même en supprimaient l'exercice. Les biens étaient divisés en trois classes : les biens *habous* ou engagés, qui ne pouvaient être ni vendus, ni partagés, ni même aliénés pour plus de trois ans; les biens *ana*, espèce d'usufruits qui s'aliénaient à long terme et même à perpétuité, sous condition d'une rente annuelle; les biens *melk* ou libres, qui jouissaient du droit complet de propriété, sous la réserve des confiscations et avanies.

Des propriétés de caractère si différent sont passées, après la conquête, entre les mains des Européens qui, dans les premiers temps, ignoraient quelle sorte de droits leur étaient conférés par le contrat de vente. On conçoit quelle complication, quelles erreurs, quelles fraudes ont dû résulter d'un pareil état de choses ; c'est à ce passé de désordre, d'incertitude, d'anarchie et de fraude, qu'il faut nécessairement échapper aujourd'hui.

Le temps nous a rendu la tâche beaucoup plus facile qu'elle ne l'eût été il y a quelques années ; les droits se sont reconnus, discutés, établis peu à peu, et le nombre des propriétés douteuses est beaucoup moins grand qu'il ne l'était à l'époque de la vérification essayée en 1832, qui n'a examiné que 84 titres de propriété en six mois. « A ce compte, dit M. Genty de Bussy, trente ans auraient été nécessaires à la commission, pour Alger seulement, en calculant sur environ 5,000 titres, les propriétés extérieures comprises (1). »

(1) De l'établissement des Français dans la régence

La complaisance vénale des juges musulmans a supprimé le habous de fait, et il n'y a plus qu'à légaliser cette suppression. Le *midjelès*, ou tribunal supérieur, composé des deux muphtis et des cadis, autorisa l'aliénation d'un bien habous, en échange d'une rente perpétuelle, à condition que des témoins affirmeraient que la rente stipulée répondait exactement à la valeur de la propriété aliénée; rien n'était plus facile que d'obtenir cette autorisation, car les témoins se payaient à tant la vacation, et ils juraient tout ce qu'on voulait. Le *habous* se trouva ainsi transformé en une espèce d'*ana*, dont la rente n'était pas rachetable. La nouvelle loi coloniale doit autoriser ce rachat et en régler les conditions, afin de préparer le complet établissement de la propriété française en Algérie. Toute propriété douteuse doit être ou consolidée ou supprimée, et je dis ici avec plaisir que l'administration a préparé un projet sur cette matière, qui semble

---

d'Alger, par M. Genty de Bussy, t. II, p. 67. — Voir sur les embarras de la propriété algérienne le *rapport* de M. Blanqui, où cette question a été parfaitement exposée.

satisfaire à tous les intérêts légitimes : sera-t-il appliqué ?

Mais ce serait en vain que l'administration reconnaîtrait et consoliderait le droit de propriété, si elle continuait de le traiter avec aussi peu de respect qu'elle l'a fait jusqu'ici, lorsqu'il était plutôt une prétention douteuse qu'un droit positif. La propriété une fois créée, comme elle l'est généralement en fait à Alger et dans les villes occupées, elle a droit aux garanties et à la protection dont elle jouit dans tous les pays civilisés. L'administration devra donc renoncer le plus tôt possible au système d'expropriation dont elle a fait usage jusqu'à ce jour, et qui ressemble plus aux avanies d'avant la conquête qu'aux procédés administratifs d'un gouvernement régulier. Un arrêté du conseil d'administration décidait que telle propriété, telle maison, étaient passibles d'expropriation ; cela fait, on s'emparait sans plus de formalités, sans indemnité préalable (1), de l'immeuble exproprié, dont l'administration,

(1) Le droit préalable à l'indemnité est reconnu dans les arrêtés sur l'expropriation ; mais, dans la pratique,

à la fois juge et partie, était seule appelée à fixer la valeur. L'administration avait deux bases différentes d'évaluation, c'est-à-dire deux poids dans la balance, suivant qu'elle devait payer ou recevoir. La même propriété a deux valeurs pour elle, qu'elle détermine à son gré ; elle s'est fait une règle générale de payer moitié prix et de vendre le double : par exemple, si vous êtes grevé d'une rente envers le domaine, vous ne serez admis à la racheter qu'au prix du capital de vingt années de revenu, tandis que si le domaine vous doit une rente, pour indemnité ou autrement, il vous forcera d'en accepter le remboursement pour un capital représentant dix années de revenu. La reconnaissance et la consolidation de la propriété doivent avoir pour conséquence nécessaire l'établissement d'un système plus équitable d'expropriation, qui pose le principe de l'indemnité préalable et garantisse le propriétaire de l'arbitraire administratif.

Ce n'est pas en faveur de toutes les propriétés

l'administration en a supprimé l'application sans le moindre scrupule.

indistinctement que nous réclamons ces garanties, car il en est beaucoup en Afrique qui ne sont pas dignes encore de ce nom. En Algérie, il n'y a de propriétés vraiment européennes que dans les villes et dans leur banlieue, car c'est là seulement qu'il est possible de faire acte de propriété. Plus loin, dans l'intérieur du pays, je ne vois que des détenteurs de terres, et non des propriétaires. Ces sortes de propriétés, qu'il est urgent de faire rentrer dans le domaine public, doivent être soumises à un système d'expropriation plus sommaire que celles qui ont réellement acquis le caractère de la propriété européenne. Dans un pays comme l'Afrique, où la colonisation est d'intérêt politique et national, un propriétaire qui ne cultive pas et qui détient seulement une partie du sol jusqu'à ce que le travail des autres lui ait créé une valeur, un tel propriétaire est justement frappé de déchéance ; mais, dira-t-on, il est injuste d'exiger l'impossible, et jusqu'à ce jour le défaut de sécurité n'a pas permis de cultiver aux Européens qui ont acheté des terres. Eh quoi ! la conquête n'était pas achevée, l'ennemi était encore maître du pays, et le sol destiné à la future colonisation était déjà individuellement possédé! Singulier début d'une colonie qui commence par créer des propriétaires longtemps avant la prise de possession du sol par la population et le travail! Mais ce fait seul, si nous n'échappons bientôt à ses funestes conséquences, oppose un obstacle invincible au développement d'une colonie, car il crée, préalablement à toute culture, une valeur artificielle à la terre. Que voulez-vous! dira-t-on encore, ce n'est pas la faute de ceux qui ont acheté trop tôt, mais bien du gouvernement qui a laissé faire; cela est vrai, et c'est cette tolérance aveugle du gouvernement qui crée aux détenteurs du sol africain un droit à l'indemnité.

Le principe, les conditions et les formes de cette vaste expropriation doivent être arrêtés avant le commencement de la colonisation effective, ou du moins en même temps que les premiers essais. Le prix de la terre réunie au domaine public sera évalué au taux de l'achat primitif, en tenant compte des travaux exécutés, s'il en a été fait. Toutefois, on pourra laisser au propriétaire la faculté de garder sa terre à condition de la mettre en culture dans un délai donné; dans ce cas, il serait de sage politique coloniale, de ne laisser à ce propriétaire qu'une étendue de sol en rapport avec ses ressources. Dans le plan que nous proposons, il n'est pas nécessaire d'exproprier en bloc toutes les terres incultes de l'Algérie, il suffit de poser le principe et les conditions. L'expropriation pourrait s'effectuer peu à peu, suivant les besoins de la colonisation. De cette façon, on laisserait aux détenteurs actuels du sol, le temps d'essayer leurs forces et de préparer leurs moyens, sans nuire à l'avenir de la colonisation; si la terre était demeurée inculte et nue, on aurait toujours la faculté de s'en emparer au prix de l'achat primitif, quand même les travaux exécutés par le concours de l'armée et des colons, et l'établissement d'une population agricole dans le voisinage, en auraient décuplé la valeur.

Nous allons démontrer en quelques mots, par le bon sens et l'équité naturelle, la nécessité d'arrêter le principe et les conditions de cette expropriation, préalablement à toute expérience coloniale de quelque importance. Supposons que le gouvernement, laissant les choses dans l'état où elles sont, crée trois villages agricoles sur des terres appartenant au domaine, sans avoir besoin de recourir à aucune expropriation. Nous supposerons encore que ces trois établissements ont réussi, et qu'une assez grande étendue de terre se trouve défrichée et mise en valeur dans le voisinage des 10,000 hectares de terres incultes que possède un seul propriétaire, dont nous avons parlé plus haut. Il arrivera que les domaines de cet homme auront reçu une valeur qu'ils n'avaient pas, sans qu'il ait dépensé ni capital ni travail, par le seul fait des travaux productifs que nos colons et nos soldats auront exécutés dans son voisinage. Au lieu de profiter à la colonie, et de rendre plus faciles de nouveaux établissements, ce progrès ne profitera qu'à un seul, et les entreprises ultérieures n'en seront pas rendues plus faciles, car le gouvernement et les colons seront obligés de payer à cet homme la jouissance des avantages, la plus value de la terre, que le travail voisin a créés. Cela est-il raisonnable et juste? Est-ce au profit de quelques-uns seulement que la France doit entreprendre l'immense tâche de la colonisation africaine, et ses sacrifices ne doivent-ils avoir d'autre résultat que de créer des obstacles à ses généreux efforts? Telle serait pourtant la conséquence désastreuse de l'appropriation du sol, si le principe équitable de l'expropriation n'en prévenait à temps les effets (1). Je pense qu'il n'est pas nécessaire de développer davantage une idée aussi simple, et que tous ceux qui sont en état de comprendre les vrais principes de l'économie coloniale partageront notre conviction (2).

(1) Voir le ch. 1 de la seconde partie, pages 150 et suiv.

(2) Nous n'avons pas parlé, dans ce chapitre, de la colonisation par les Arabes, dont on s'est beaucoup occupé en Afrique et en France. C'est que ce prétendu système, est complétement en dehors de nos idées coloniales, et que nous ne voulons point fonder en Algérie l'exploitation de la race arabe, par des capitalistes ou entrepreneurs de travail français, mais bien provoquer sur le sol conquis l'établissement d'une population européenne, civi-

lisée, chrétienne, qui soit pour la mère-patrie, une force en même temps qu'une richesse.

La colonisation par les Arabes, sous la direction de propriétaires français, nous paraît aussi stérile sous le rapport de la véritable économie coloniale, que dangereuse sous celui de la politique. En effet, que nous donnerait ce système? ce qui existait avant la conquête, ce qu'on a essayé de rétablir depuis, quelques fermes ou *haouchs*, disséminées sur une immense étendue de pays et comme perdues dans l'espace, grossièrement exploitées par des Arabes fermiers ou *khamas*, à raison du cinquième du produit brut. Nous aurions, à ce compte, deux ou trois cents grands propriétaires dans la Mitidja, qu'il serait assez difficile de protéger contre leurs ouvriers ou les déprédateurs indigènes, en supposant que de grandes invasions, comme celle de 1839, ne fussent plus à redouter.

On s'est fait illusion un moment sur ce genre d'exploitation, qui semblait devoir donner aux colons des travailleurs à bon marché. Aujourd'hui, cette illusion n'est plus permise; et les résultats obtenus par le prince de Mir à la Rassauta sur les Arabes voisins, par un assez grand nombre de colons sur ceux de la plaine, ne nous inspirent pas aujourd'hui le moindre regret. Nous déplorons les malheurs de 1839; mais nous avouons que nous aimons mieux voir la Mitidja vide et nue, que de la voir exploitée, comme elle l'était avant la conquête, par des Arabes fermiers. Il est vrai que ce serait aujourd'hui pour le compte de propriétaires français ; mais la France ne gagnerait rien à ce que les *haouchs* eussent changé de maîtres ; elle y perdrait beaucoup, au contraire, par la protection qu'il faudrait accorder à ce genre d'exploitation. Je ne crois point à la possibilité de mêler la population européenne avec la population arabe, dans un même atelier de travail ; et d'ailleurs, je n'en comprends pas, je l'avoue, l'utilité. Ce n'est pas ainsi que nous entendons le rapprochement des vainqueurs et des vaincus : c'est une singulière fusion, que celle qui place la propriété dans une race, et le travail dans l'autre !

Ayant eu occasion d'entretenir fréquemment le général Bugeaud sur nos idées relatives à la colonisation africaine, nous l'avons trouvé complétement d'accord avec nous sur la colonisation par les Arabes, sous la direction de propriétaires européens. Il nous a même remis une note sur ce sujet, qui exprime parfaitement tout ce que nous aurions à dire, et qu'il nous pardonnera sans doute de publier ici.

« Les mœurs des Arabes, leur religion et surtout leurs
« habitudes agricoles, plus difficiles à changer que leur
« foi, ne permettent pas de les mêler avec nous, dans
« l'exploitation rurale, qui est la colonisation elle-même.

« C'est à grand'peine, que nous pouvons cohabiter
« dans les villes où il y a mille fois moins de motifs de
« dissidence. Ils ne peuvent être employés que comme
« ouvriers soldés et passagers, sur les surfaces occupées
« par nous.

« Mais bien des personnes, loin de songer à les mêler
« avec les Européens, voudraient ne coloniser qu'avec
« des Arabes. Elles n'ont pas sans doute aperçu le dan-
« ger permanent que créerait ce système, qui n'est au-
« tre chose que le pays exploité par le vaincu, je ne dirai
« pas au profit du vainqueur, mais sous sa surveillance
« active, coûtant beaucoup plus qu'on ne peut recueillir.
« Cet état de choses onéreux, serait aussi très peu solide.
« L'Arabe est fier et belliqueux, son histoire est là pour
« nous apprendre qu'il est difficile à soumettre pour
« longtemps. Il faudrait donc rester fort, et dès lors, ne
« balancer jamais les recettes avec les dépenses. Il fau-
« drait aussi n'avoir pas à soutenir ailleurs, les armes à
« la main, d'autres intérêts; car les Arabes ne manque-
« raient pas de choisir l'occasion pour se révolter. Et pen-
« dant combien de siècles durerait ce danger ? Jusqu'à
« ce que ce peuple, dont la religion et les mœurs con-
« trastent en tout point avec les nôtres, se fût identifié
« avec nous. Il serait donc souverainement impolitique
« de ne coloniser qu'avec des Arabes. Nous devons former
« à côté d'eux un peuple nouveau, encore mieux consti-
« tué pour la résistance, qu'ils ne le sont eux-mêmes, et
« c'est beaucoup dire. Nous ne devons pas non plus nous
« mêler avec eux; car, en cas de guerre ou de révolte,
« leur présence parmi nous ne pourrait que nous affai-
« blir. Mais en même temps que nous les tiendrons sé-
« parés des Européens, nous devrons travailler avec
« activité à les modifier, à les rendre moins guerriers.

« Le meilleur moyen d'atteindre ce but, c'est de les
« fixer, de les rendre plus riches et plus nécessiteux ;
« ce qui paraît un paradoxe, et n'est qu'une profonde
« vérité.

« Créons donc, dès que nous le pourrons, des villages
« pour les Arabes, mais non sur un plan défensif, comme
« le seront les nôtres. Encourageons-les par quelques
« immunités à bâtir eux-mêmes, prêtons-leur pour le
« faire des ouvriers d'art, et mettons à leur portée les
« matériaux qui leur manquent, comme les grands bois
« et le fer. Tâchons aussi de leur donner le goût de la
« culture des arbres, de la prairie artificielle et des jar-
« dins, parce que rien ne rend sédentaire et n'attache à
« la localité comme cela. C'est aussi le moyen d'augmen-
« ter les produits de l'impôt, car tant que l'agriculture
« sera bornée à la production des céréales, avec repos de
« trois ou quatre ans, et à des troupeaux vagabonds, il
« n'y aura que peu de commerce, et partant les revenus
« du fisc seront minimes.

« Voilà comme j'entends la colonisation par les Arabes ;
« elle doit avoir un but politique et fiscal, mais avant
« tout, fondons à côté une population militairement con-
« stituée, qui aura sous la main des moyens de guerre
« toujours prêts, et dans son voisinage, quelques points
« d'appui, gardés par des réserves de troupes régulières
« que la métropole fournira, mais que paiera plus tard le
« budget colonial. »

TROISIÈME PARTIE.

**EXAMEN CRITIQUE DU GOUVERNEMENT,
DE L'ADMINISTRATION
ET DE LA SITUATION COLONIALE DE L'ALGÉRIE.**

CHAPITRE PREMIER.

Du Gouvernement et de l'Administration de l'Algérie.

Le gouvernement de l'Algérie est, en principe et en fait, un gouvernement militaire, placé entre les mains d'un officier-général, et exercé sous l'autorité et le contrôle du ministère de la guerre. L'ordonnance royale du 22 juillet 1834, qui institue un gouverneur-général en Afrique, détermine ainsi ses rapports avec le gouvernement de la métropole : *Il exerce ses pouvoirs sous les ordres et la direction de notre ministre secrétaire d'état de la guerre*. Le ministère de la guerre est donc la source de tous les pouvoirs exercés en Afrique, et le gouverneur-général, ainsi que tous les autres fonctionnaires placés au-dessous de lui, n'en sont par conséquent que les délégués. Un arrêté ministériel, du 2 août 1836, qui règle les attributions du gouverneur-général, reconnaît et confirme en ces termes le principe de l'ordonnance précitée : « Le gouverneur-général a, *sous les ordres du ministre de la guerre*, les attributions nécessaires pour l'exercice du commandement et la direction supérieure de l'administration qui lui sont confiés (1). »

Ici se présente naturellement une observation importante. La solution de la question d'Afrique est exclusivement confiée au ministère de la guerre; mais cela est-il d'accord avec

(1) Voir *Bulletin officiel des actes du Gouvernement de l'Algérie*, p. 1re, et p. 257, t. II.

la nature et le but de l'entreprise que nous poursuivons en Algérie? S'il était vrai que le but de l'entreprise africaine fût la fondation d'une colonie, la création d'une société nouvelle en regard de la France, et que la guerre ne fût que l'un des moyens d'arriver à ce but, ne serait-ce pas commettre une dangereuse méprise que de confier exclusivement à une fraction du gouvernement, au seul ministère de la guerre, la direction d'une affaire qui réclame l'intervention et l'intelligence du gouvernement tout entier? L'armée est tout ou presque tout en Afrique, cela est vrai : sans l'armée, pas de conquête; sans l'armée, pas de colonie! J'admets encore que, pour le moment, la guerre soit le premier intérêt de la France dans sa douteuse conquête; mais cet intérêt est-il le seul, est-il l'intérêt permanent, définitif, de la grande question qui nous occupe? A côté de la guerre et au-dessus d'elle, n'y a-t-il pas l'intérêt de la colonisation? Or, s'adresser exclusivement à une administration spéciale, comme celle de la guerre, pour obtenir la solution d'une question d'économie publique, aussi difficile, aussi compliquée que la colonisation africaine, n'est-ce pas sacrifier le but au moyen, la colonisation à la guerre? Ne nous étonnons pas si l'Afrique a tant de peine à devenir autre chose qu'un champ de bataille

La question d'Alger est une question politique et nationale; c'est donc de toute nécessité une affaire de gouvernement! mais le ministère de la guerre n'est pas le gouvernement; il n'en est qu'une partie subordonnée, comme tous les autres services de l'état, et sa spécialité, plus exclusive encore que celle des différents ministères, le rend peu propre à la conduite d'une affaire générale qui intéresse l'état tout entier. Renfermer exclusivement la question d'Afrique dans un ministère spécial, c'est évidemment substituer l'action de la bureaucratie à l'action de la politique, l'intérêt de la bureaucratie à l'intérêt de l'état. Casimir Périer l'avait sans doute compris ainsi, lorsqu'il exprimait l'intention de placer les affaires d'Alger sous le contrôle direct de la présidence du conseil : l'Afrique était pour lui une affaire de gouvernement et non une affaire de bureaux.

Nous allons voir que renfermer la question d'Afrique dans les bureaux d'un ministère, c'est la placer en dehors du gouvernement. En effet, il y a en Afrique des intérêts et des services complétement étrangers à l'administration de la guerre. Il y a des intérêts civils, des tribunaux, une administration financière ; il y a surtout une colonie à fonder, c'est-à-dire une société nouvelle à créer. Comment l'administration de la guerre pourra-t-elle diriger et surveiller des services de cette nature ? elle sera forcément obligée d'emprunter des agents étrangers, de les placer au milieu d'elle, et de s'en rapporter aveuglément à eux pour les affaires qui ne sont pas de sa compétence. La direction et la surveillance des affaires d'Afrique passeront donc à des agents subalternes, que le ministre de la guerre couvrira de sa responsabilité, lors même qu'il lui sera impossible de les contrôler ! L'ordonnance royale qui range la question d'Alger dans les attributions exclusives de l'administration de la guerre, n'a pu conférer au ministre du département de la guerre la science infuse de l'administration civile, de la justice, des finances et de l'économie coloniale. Pour tout ce qui regarde ces grands intérêts, le ministre responsable sera donc nécessairement subordonné à ses commis : tout son rôle se bornera à la signature.

La Direction des affaires d'Afrique, implantée au milieu de l'administration de la guerre, est une véritable souveraineté dans un ministère, c'est-à-dire le pire de tous les gouvernements. Son premier inconvénient est d'emprisonner dans des bureaux, privés de tout contrôle sur des affaires de la plus haute importance, une question d'intérêt public et d'honneur national. Les ministres qui composent le gouvernement actif, et comme la personne du pouvoir, se trouvent ainsi exclus de toute participation à la conduite des affaires d'Alger, dont ils ne connaissent que ce que l'opinion publique ou leur curiosité personnelle leur en ont appris. S'ils voulaient en savoir davantage, ils ne pourraient jamais en découvrir que ce que le bureau directeur n'aurait pas intérêt à leur cacher. Nous avons la conviction que la question d'Alger est restée jusqu'à ce jour, pour le gouvernement de la France, une question à peu près inconnue.

Mais revenons au gouverneur-général de l'Algérie : en principe, il est investi des attributions de la souveraineté ; en fait, dans un très grand nombre de cas, il a moins de pouvoir qu'un préfet de France. Il peut, sur une déclaration d'urgence (1), rendre des arrêtés qui sont de véritables lois; mais on lui contestera la faculté d'augmenter de cinquante francs par mois, s'il le juge convenable, le traitement d'un secrétaire dont il exige beaucoup de travail (2); et l'homme qui possède les attributions les plus importantes de la souveraineté, et les pouvoirs du législateur, ne dispose pas de la nomination d'un seul

(1) L'Afrique, on le sait, est placée sous le régime de l'ordonnance. Ce qui est réglé en France par la loi l'est ici par l'ordonnance royale ; ce qui est du ressort de l'ordonnance l'est ici de l'arrêté, tel est le principe; mais il est dit que, en cas d'urgence déclarée par le conseil d'administration, le gouverneur peut rendre, sur telle matière que ce soit, des arrêtés provisoirement exécutoires.

(2) Ce fait, cité pour exemple, est historique.

commis. L'article 11 de l'arrêté ministériel du 2 août 1836 lui reconnaît les attributions suivantes : « Le gouverneur-général a sous son autorité « tous les fonctionnaires civils et militaires. Il « statue sur les différends qui peuvent s'élever « entre eux à l'occasion de leur rang et de leurs « prérogatives. Il pourvoit, en cas d'urgence, à « l'intérim des fonctions réservées à la nomina- « tion du roi ou à celle du ministre secrétaire « d'état de la guerre. *Il nomme aux autres em-* « *plois;* il révoque ou destitue les agents nom- « més par lui. » Mais les choses sont loin de se passer ainsi; le ministère de la guerre s'est réservé peu à peu la nomination directe à tous les emplois, même les plus humbles, même ceux qui doivent relever nécessairement du pouvoir local, comme, par exemple, les emplois d'*inspecteur de police*. Le pouvoir du gouvernement local est limité jusqu'à la gêne, jusqu'à l'étouffement, là où il aurait le plus besoin d'action ; il est libre, ou à peu près, du côté où il aurait le plus besoin de limite, par exemple, dans l'exercice de la puissance législative. Il n'est pas vrai de dire que le gouverneur-général exerce ses attributions sous les ordres du ministère de la guerre ; cela n'est vrai que pour les opérations militaires : pour tout le reste le gouverneur-général est sous le contrôle immédiat du Bureau des affaires d'Afrique.

Le gouverneur est assisté d'un conseil dit d'administration, composé des cinq principaux fonctionnaires de l'Algérie : 1º du directeur de l'intérieur, 2° du procureur-général, 3° du directeur des finances, 4° de l'officier général commandant la marine, 5° de l'intendant en chef de l'armée.

« Le conseil d'administration délibère : sur
« les projets de budgets de recettes et dépenses
« concernant l'État, les *communes* ou les éta-
« blissements religieux et de bienfaisance.....
« Sur les projets de concessions du domaine
« public..... Sur tous les réglements généraux
« d'administration et de police administra-
« tive..... Sur les propositions de toute nature
« à faire au roi pour la législation des posses-
« sions françaises dans le nord de l'Afrique.....
« Le conseil d'administration statue sur toutes
« les matières dépendant du contentieux admi-

« nistratif, etc. (1). » Ce conseil d'administration, composé de trois officiers militaires, en comptant le gouverneur qui le préside, et de trois officiers civils, est à la fois une sorte de conseil des ministres et un conseil d'État. Son seul inconvénient est qu'une discussion sérieuse y est presque impossible, chaque chef de service étant à peu près le seul compétent sur les matières qui rentrent dans ses attributions. Sa véritable utilité serait de porter régulièrement à la connaissance du gouverneur les affaires des différents services de l'Algérie ; composé tel qu'il est, il ne peut guère en avoir d'autre.

Passons rapidement en revue les différents services auxquels l'administration civile est confiée en Afrique. Un directeur de l'intérieur a remplacé l'emploi d'intendant civil, beaucoup plus étendu, et qui, malgré les inconvénients qu'on lui a reprochés, était mieux en rapport que la fonction actuelle avec les véritables besoins de l'Algérie. Ce changement de nom et d'attribution a été une petite révolution

---

(1) Arrêté du 2 août 1835, ch. V.

administrative, faite au profit du Bureau des affaires d'Afrique ; on a remplacé un fonctionnaire d'un ordre supérieur, qui centralisait dans ses mains l'administration locale et lui imprimait l'impulsion nécessaire avec le caractère de l'unité, par un fonctionnaire d'un ordre moins élevé, qui n'est plus que l'égal et le collègue des autres chefs de service, et qui dépend, encore plus exclusivement qu'eux, de la Direction des affaires d'Afrique. L'intendant civil était, après le gouverneur, le premier fonctionnaire de l'Algérie, et cela devait être : le directeur de l'intérieur en est le dernier, sinon quant aux attributions, du moins quant à l'indépendance. Il a autant à faire que l'intendant civil ; mais il ne peut presque rien.

Une ordonnance royale du 31 octobre 1838 définit ainsi ses attributions : « Le directeur de
« l'intérieur a dans ses attributions l'admi-
« nistration générale, *provinciale* et *communale*,
« les travaux publics, le commerce, l'*agriculture*,
« l'instruction publique, les cultes, etc. (1). »

(1) *Bulletin officiel du Gouvernement*, n° 61, p. 445, t. II.

Des sous-directeurs administrent sous ses ordres les provinces de Constantine et d'Oran; les autres points occupés sont administrés par des commissaires-civils ou des commandants militaires, qui cumulent l'exercice du pouvoir civil avec celui de l'autorité militaire. Il faut seulement observer que les *provinces* de Bône ou Constantine et d'Oran, ne sont pas autre chose que les villes de Bône et d'Oran, siéges et limites à la fois des deux sous-directions. Un sous-directeur est un sous-préfet, dont l'arrondissement est renfermé tout entier dans une ville; les points occupés qui relèvent de son administration sont si peu importants, à l'exception de Philippeville, qu'ils ne suffisent pas à constituer des *provinces.*

Le commissaire civil vient après le sous-directeur; il ne nous semble pas facile de donner une idée exacte de ce magistrat, qui constitue peut-être la variété la plus curieuse de l'espèce administrative, car il est tout et rien en même temps : tout par les attributions, rien en fait, dans la plupart des cas. Le commissaire civil est à la fois administrateur, officier de l'état civil, magistrat de police, juge de paix, etc.; il est assisté dans ses fonctions universelles par un secrétaire, sur lequel il se repose ordinairement du soin de rendre la justice. Son rôle le plus important consiste à se faire le tuteur de la population civile confiée à son administration contre le pouvoir militaire; malheureusement, sur la plupart des points occupés, il lui est impossible de remplir efficacement ce rôle de protection : le magistrat civil est annulé par le commandant militaire, et il ne sert absolument à rien.

Une pensée peu intelligente a présidé à l'établissement du pouvoir civil en Algérie; elle a commis la faute de placer des magistrats civils dans des localités où les éléments civils n'existent pas, où rien n'a été fait ni même projeté pour en préparer le développement, comme si la présence d'un magistrat suffisait pour donner l'existence à une société régulière et indépendante ! Ainsi on a installé des commissaires-civils à Mostaganem, à Bougie, à Cherchell, à Blidah, dès que ces points ont été militairement occupés, sans rien faire de plus ; je me trompe ; on décréta par arrêté que Cherchell et Blidah seraient colonisés, et on en resta là (1). Voyons quelle peut être la position d'un magistrat civil dans ces espèces de camps militaires, à Bougie, par exemple.

Après *huit ans d'occupation*, Bougie présentait, au mois de septembre dernier, une population civile de 377 individus (européens) et une population militaire d'environ 1,500 hommes. Bougie est, comme nous l'avons vu, une place bloquée, où, par conséquent, il n'y a pas de colonisation possible. Il est facile de conclure de là quelle est la nature de la population qui est venue s'enfermer avec une garnison, dans l'enceinte des blockhaus ; cette population n'a évidemment d'autre moyen d'existence que d'exploiter la consommation et les vices d'une garnison de 1500 hommes. Elle se répartit ainsi : 162 hommes, 103 femmes, 112 enfants. Ces chiffres seuls démontrent que nous n'avons pas affaire à une

(1) J'avertis avec plaisir que la colonisation de Cherchell est effectivement commencée depuis le mois de septembre dernier.

population régulière, fixée au sol qu'elle habite, car ce qui fixe les hommes sur le sol, c'est la famille, et nous avons ici plutôt des individus que des familles. Les 103 femmes qui font partie des habitants de Bougie ne peuvent pas nous donner le nombre des familles; car beaucoup d'entre elles sont en dehors de la vie régulière, et font, pour ainsi dire, partie de la garnison. Le nombre des enfants ne permet pas de supposer qu'il existe à Bougie plus d'une trentaine de familles. Telle est la population que le commissaire civil est chargé d'administrer. Ce fait seul ne met-il pas toute l'importance et tout le pouvoir du côté du commandement militaire ?

Ce ne sont ni les lois ni les magistrats qui assurent l'indépendance civile d'une population: les lois la constatent, les magistrats la font respecter; mais elle existe par elle-même, en dehors des magistrats et des lois, qui n'en sont que l'expression. Ici non seulement nous ne rencontrons pas les éléments de l'indépendance civile, mais nous trouvons au contraire, les causes d'une dépendance forcée et presque servile. Par son petit nombre, par ses occupations qui consistent exclusivement à servir la consommation et, il faut le dire, les vices d'une garnison, cette population n'est-elle pas dans la plus stricte dépendance de l'autorité et même des caprices militaires ? Une population qui ne se compose que de vendeurs et de consommateurs, où manque l'élément de la production qui est l'élément de l'indépendance, court grand risque de ressembler à une population de maîtres et de domestiques.

Le consommateur militaire n'a pas de reconnaissance pour le bourgeois qui le sert; il n'a pour lui que du mépris, car il se croit exploité dans ses besoins et trop souvent dans ses vices : que pourra faire le magistrat civil pour protéger ses administrés, dans une situation aussi défavorable ?

Je regrette autant que personne les abus trop réels de l'autorité militaire, dont j'ai entendu se plaindre beaucoup en Afrique; mais ce qui me cause plus de regrets encore, c'est que, sur beaucoup de points, il n'y ait d'autre remède à ces abus que dans la modération et la sagesse des commandants militaires. J'avoue que, dans les localités qui ne sont comme Bougie que des camps militaires, j'aimerais beaucoup mieux ne pas voir de magistrat civil, que d'y voir l'autorité civile impuissante et compromise. Là où la colonisation est impossible, là où un grand mouvement de marchandises et de valeurs n'a pas appelé une population nombreuse et consistante comme à Alger, Bône, Oran et Philippeville, là enfin où il n'y a que des garnisons et des vivandiers à la suite, je ne vois malheureusement de place que pour l'autorité militaire : c'est aux chefs de la conquête qu'il appartient de surveiller leurs subordonnés et de leur imposer le devoir de la modération et de la justice! N'instituons le pouvoir civil que là où il peut être fort et respecté; empressons-nous de constater, d'organiser et de protéger les éléments de l'indépendance civile là où ils existent et où ils ne demandent qu'à se développer, comme je le ferai voir bientôt. Quelle est l'utilité d'un magistrat colonial dans une localité comme Bougie, dont la population ne s'élève pas, après huit ans d'occupation, à plus de 377 individus ? Gigelly, à quelques lieues de Bougie, n'a pas de magistrat civil, et je ne sache pas que les choses y aillent plus mal. Il est vrai que Gigelly compte à peine 200 habitants européens; mais c'est que la garnison y est moins nombreuse qu'à Bougie; réduisez la garnison de Bougie au chiffre de celle de Gigelly, et la population civile descendra immédiatement au même niveau. Ce que nous avons dit de Bougie s'applique exactement aux autres localités qui ne sont que des points d'occupation militaire.

Partout où l'exercice du pouvoir civil est possible, il doit être constitué; mais pas seulement de nom, dans des arrêtés trop souvent inexécutables; il doit l'être effectivement et en toute réalité. Or, je ne crains pas d'être démenti en affirmant que le pouvoir civil n'existe que de nom en Afrique; j'essayerai d'en exposer les raisons.

L'impuissance des magistratures civiles en Afrique tient, sans doute, en grande partie au mauvais choix des agents auxquels elles sont confiées; mais les causes principales sont l'instabilité de ces fonctionnaires, l'incertitude perpétuelle dans laquelle ils sont placés; je dirai mieux, le manque d'indépendance et de sécurité. La direction de l'intérieur et les agents qui en relèvent sont, relativement aux deux autres services civils, la justice et les finances, dans un état d'infériorité qui les frappe d'impuissance. Leur position, leur avancement, leur avenir sont à la merci d'un pouvoir qui réside loin d'eux, dans un bureau du ministère de la guerre, et qui les traite suivant son bon plaisir, sans se donner la peine de consulter l'administration locale, seul juge compétent de leur mérite et de leurs services. Une décourageante incertitude pèse incessamment sur eux, ils ne sont jamais sûrs de conserver ce qu'ils tiennent, et leur avenir est livré aux chances les plus imprévues. A peine commencent-ils à se familiariser avec une localité, qu'ils sont envoyés ailleurs, et les plus humbles fonctions voient passer leurs titulaires aussi rapidement que les gouverneurs et les systèmes passent en Afrique. Cette déplorable mobilité, qui emporte les hommes et les places dans un tourbillon perpétuel, fait que les agents civils ne se regardent jamais que comme campés en Afrique;

et, si nous ne nous étions interdit de nommer des personnes, nous pourrions apporter de curieux exemples à l'appui de ce que nous avançons ; nous citerions plus d'un fonctionnaire algérien qui a occupé plus de places qu'il ne compte d'années de service. En Afrique, il est rare qu'un choix soit définitif; croirait-on que la ville de Bône a été près de deux ans sans administrateur civil ? L'intérimaire, chargé de cet important service, n'a pas même duré autant que l'intérim; et, lorsque je suis passé à Bône, il remettait le service à un second intérimaire, en attendant que la Direction de Paris eût fait connaître son choix. La ville de Bône se ressentira longtemps de cette inconcevable suspension du pouvoir administratif; aucun des importants travaux, si libéralement votés par les Chambres, n'ont été, je ne dis pas exécutés, mais commencés; le désordre qui régnait dans le service était tel, à cette époque, que les ouvriers employés par les ponts-et-chaussées n'avaient pas été payés depuis plus de six semaines ; et tout cela, parce qu'on avait jugé à propos de faire passer à la mairie d'Alger le titulaire de la sous-direction de Bône, et à la sous-direction de Bône, le titulaire de la mairie d'Alger; ce dernier, mécontent de cette mutation imprévue, n'avait pas accepté et était rentré en France. L'histoire de la sous-direction de Bône est à peu de chose près celle du plus grand nombre des fonctions civiles en Algérie.

Des considérations exclusivement personnelles, et jamais l'intérêt des localités, je ne dis pas l'intérêt de la question d'Afrique, évidemment méconnu, président au choix des fonctionnaires et à leur avancement. Il semblerait, par exemple, que la place de secrétaire d'un commissariat civil dût être le noviciat et la préparation nécessaire à la fonction de magistrat civil; mais il n'en est ainsi que par exception; dans le fait, ce sont presque toujours des nouveau-venus qui emportent la position. Conçoit-on qu'un pouvoir soumis à une pareille instabilité, à une pareille dépendance, ne soit qu'une ombre et comme une moquerie de pouvoir? Tandis que les emplois du service des finances et de celui de la justice sont un moyen d'avancement et presque une faveur, les emplois civils proprement dits ne mènent à rien, et ceux qui les occupent sont dans la dépendance la plus absolue de la Direction d'Afrique ; car ils n'ont pas droit à une position administrative équivalente dans la métropole.

Les employés de la justice et des finances sont plus heureux : ils ne sont pas à la discrétion absolue de la Direction de Paris, et leur service en Afrique leur compte pour quelque chose en France. Détachés de l'administration française, et comme prêtés à celle de l'Algérie, ils n'en restent pas moins fonctionnaires français, et une position meilleure, ou tout au moins une position sûre, les attend à leur retour. Les pauvres employés civils, au contraire, sont complétement en dehors de l'administration française, et rentrés sur notre territoire, ils ne sont plus rien, n'ont droit à rien. Ils sont abandonnés, sans aucune garantie, à tous les caprices, à toutes les erreurs d'une bureaucratie qui n'est pas infaillible, et, de plus, à toutes les chances de notre établissement d'Afrique. J'ai connu un excellent employé de l'administration d'Alger, qui a toujours eu le malheur d'être nommé à des fonctions supprimées peu de temps après. Faut-il s'étonner maintenant si la justice et les finances sont plus solidement organisées et pourvues d'agents meilleurs que les malheureux emplois civils?

L'autorité civile, en Afrique, porte encore en elle une autre cause d'affaiblissement et d'impuissance qu'il est bien important de signaler. Elle ne s'appuie nulle part sur la population qu'elle doit administrer et protéger, même lorsque cette population contient des éléments d'indépendance, qui deviendraient une force civile considérable, s'ils étaient organisés et reconnus. La population civile n'est rien, même là où elle pourrait être quelque chose, et l'administration, qui la représente devant le pouvoir militaire, est ainsi privée d'un puissant moyen de considération et d'influence. Elle se trouve obligée d'être tout à elle seule, l'administration et la société civile en même temps ; n'est-ce pas la condamner à n'être rien? Complétement mise en dehors de l'organisation civile, la population n'est plus qu'un ramassis d'hommes, une foule, et non une communauté civile, un commencement de société. Les faits vont expliquer clairement notre pensée.

Il n'y a en Algérie ni communes, ni municipalités. On aura beau nous montrer cinq ou six arrêtés qui créent des *communes*, fixent les attributions des *municipalités*, nous n'en soutiendrons pas moins que ces éléments indispensables de la vie civile n'existent nulle part en Afrique. Mais si la chose n'existe pas, on nous en a donné l'apparence, comme pour tout le reste : nous avons en Algérie des fonctionnaires décorés du titre de maires et des conseils municipaux, et, si l'on en croyait le *bulletin officiel*, il y aurait déjà un assez grand nombre de véritables communes. Or, voici ce qu'il faut entendre par ces mots trompeurs de *maires*, de *conseils municipaux* et de *communes*. Un maire, en Afrique, est tout simplement un employé de l'administration, comme le sous-directeur et le commissaire-civil, nommé directement par le Bureau de Paris et presque toujours étranger à la localité dont il est censé représenter les intérêts et les besoins. Ses attributions réelles se bornent à la tenue des registres de l'état civil et à la délivrance des passeports, bien que des arrêtés, qui s'abrogent les uns les autres, et dont pas un seul n'est exécutable, lui en confèrent de presque aussi étendues qu'aux chefs des municipalités françaises : il aurait, d'après ces arrêtés, la police municipale, la police *rurale*, l'emploi de la force publique, les détails de l'administration des *communes proprement dites*, et de plus, il serait juge de simple police. En fait, dans toutes les localités où réside un commissaire-civil ou un sous-directeur, le maire n'est qu'une doublure inutile de ces fonctionnaires. Il ne rend et ne peut rendre aucune espèce de service ni à l'administration ni à la population. Toutefois, dans le cas assez fréquent où le représentant direct de l'administration est complétement incapable, le maire peut devenir utile. Dans les villes, siéges de direction et de sous-direction, le maire est assisté d'un secrétaire. Ajoutez, en outre, un commissaire de police et vous aurez un personnel administratif assez bien fourni pour des localités où la plupart des attributions conférées à ces magistrats ne peuvent être exercées.

Il y a un maire à Alger, à Bône et à Oran, qui n'a rien à faire si les autres administrateurs font leur besogne. Dans quelques localités moins importantes, comme Dely-Ibrahim, le seul point peut-être qui mérite le nom de commune, le maire se rapproche davantage de ce que nous entendons par ce mot, car il est choisi par le gouvernement africain et appartient à la population. Mais toutes les localités n'ont pas des maires, cela dépend des circonstances. Les conseils municipaux, créés par des arrêtés que je crois aujourd'hui abrogés ou non exécutés, étaient composés d'habitants de la localité et nommés par le gouvernement d'Alger (1).

Il n'est pas besoin de beaucoup de réflexion pour découvrir ce qu'il y a de mensonge et d'inanité dans une pareille organisation prétendue communale, qui laisse complétement

(1) On peut consulter, sur les municipalités africaines, les arrêtés insérés au bulletin officiel, 1er vol., p. 74; 2e vol., p. 114, 129, 130, 231, 237, 242, 367, 68, 69, 77, 105, 133, 238, 248.

en dehors les éléments indispensables de la commune, c'est-à-dire la population. Alger compte 18,000 habitants européens ; des propriétés urbaines déjà fort considérables, créées par les capitaux et le travail des émigrants, y ont fixé des intérêts, de nombreuses existences et constitué de véritables éléments civils ; le commerce importe et négocie à Alger toutes les valeurs que consomment l'armée et une population déjà importante ; des officiers publics, notaires et avoués-défenseurs (1), des médecins, des professeurs, des juges commerciaux, y composent une petite bourgeoisie éclairée, intéressée à l'avenir de la cité, et capable d'en comprendre les besoins comme d'en gérer les affaires. Je sais que les fonctionnaires les plus distingués de l'Algérie ne dédaignent pas les avis de certains habitants d'Alger, qui

(1) Les avocats plaidants sont en même temps avoués en Afrique ; ils sont nommés comme les notaires, par l'administration de Paris, et si on n'y prend garde, ces charges ne tarderont pas à devenir vénales comme en France ; je crois même que déjà la vénalité s'y est introduite.

vivent depuis plusieurs années dans le pays, où ils jouissent de la considération et de l'influence que donne partout l'intelligence. Et une population semblable, dans laquelle se rencontrent tous les éléments propres à constituer une commune urbaine, la propriété, une bourgeoisie indépendante et suffisamment éclairée, n'est pas capable, au jugement de la souveraine Direction de Paris, de fournir à la ville d'Alger des conseillers municipaux et un officier de l'état civil! Il faut absolument, pour que les choses aillent bien, qu'un homme étranger à l'Afrique, qui n'y a d'autre intérêt qu'une place bien rétribuée, usurpe le nom et les fonctions de chef de la municipalité! La mairie d'Alger, occupée par un fonctionnaire public, est une sinécure; le choix du magistrat improvisé, en ce moment à la tête de la mairie d'Alger, en a fait une véritable dérision! Tous ceux qui ont vécu quelque temps à Alger reconnaîtront qu'ici je ne calomnie personne.

D'après ce que nous avons vu en Afrique, les villes d'Alger, de Bône et d'Oran, renferment les éléments d'une véritable municipalité, et l'intérêt bien entendu de l'administration civile conseille, encore plus que la justice, de les reconnaître et de les constituer. Je n'entends pas que l'on doive appliquer immédiatement à l'Algérie la loi municipale de notre pays; que le gouvernement limite autant qu'il le jugera convenable, mais dans l'intérêt bien compris de la colonie, les attributions de ces petites magistratures locales : l'important est de les constituer. Serait-ce commettre une trop grande imprudence que de confier aux propriétaires urbains, aux habitants qui payent un loyer d'une certaine importance, aux membres des professions libérales, le choix d'un conseil municipal et la présentation de trois ou cinq candidats à la mairie, suivant l'importance de la population ? Non sans doute, et nous croyons fermement que des municipalités réelles, comme celles que nous proposons, contribueraient à donner à l'autorité civile l'influence dont elle a besoin.

L'Afrique, comme toutes les colonies, a grand besoin d'hommes intelligents, indépendants par leur position, leur commerce et leur travail : est-ce prendre le meilleur moyen de les attirer, que de leur dire : « En France, dans la vieille société, vous étiez ou vous seriez devenus quelque chose; en Afrique, dans le pays nouveau, dans la société que nous voulons créer par votre présence et vos travaux, vous ne serez et ne deviendrez jamais rien ! » Malheureusement cette bien simple réforme que nous proposons est, dans l'état actuel des choses, absolument impossible. Les fonctions de maires sont autant de places à la disposition de la Direction des affaires d'Alger, et, comme nous avons tout lieu de croire que l'Afrique n'a d'importance à ses yeux que par le nombre de places dont elle lui permet de disposer, elle ne consentira jamais à supprimer les emplois inutiles.

Pourtant il y aurait un grand bien à attendre, pour le présent comme pour l'avenir, de l'organisation du pouvoir municipal en Afrique. Les émigrants que le commerce et la spéculation attirent dans les villes de l'Algérie ne sont unis par aucun lien, pas même par celui de la nationalité, car ils appartiennent, par la langue et l'origine, à trois peuples différents, la France, l'Espagne et l'Italie. Ne serait-il pas utile de créer à ces hommes isolés un intérêt plus large que l'intérêt individuel, de les attacher au sol nouveau et de les habituer, au moyen du civisme municipal, à le regarder comme une nouvelle patrie? Des devoirs onéreux ont été imposés à cette population; chaque colon est enrôlé, après deux mois seulement de séjour, dans les cadres d'une milice, chargée d'un service rigoureux : Alger compte déjà un effectif de 1,500 miliciens la plupart équipés à leurs frais, commandés par des officiers choisis dans leurs rangs, et qui, pendant que les troupes sont en campagne, montent la garde jusqu'à deux et trois fois par mois. Or, une garde nationale organisée comme celle d'Alger, suppose nécessairement l'existence d'une municipalité. Nous concevons que les devoirs précèdent et dominent les droits; mais des devoirs comme ceux d'une milice urbaine, n'entraînent-ils pas pour conséquence l'exercice de quelques droits municipaux? Quand on voit des habitants d'Alger honorés du grade de colonel, de chefs de bataillon et de capitaines d'une milice de 1,500 hommes, ne doit-on pas s'étonner que le magistrat municipal de cette population soit un homme étranger à elle, à ses intérêts, à ses besoins, pris en dehors d'elle, parmi les innombrables coureurs de places qui assiégent nos députés et nos ministres, et imposé à la ville d'Alger par un bureau qui siége à une distance de quatre cents lieues? Cela est pourtant ; et cet abus, comme tous les autres du même genre, aura été signalé en vain !

Telle est la mauvaise constitution du pouvoir civil en Afrique, que le zèle et l'intelligence des meilleurs fonctionnaires ne suffiraient pas à le relever de son abaissement. Le choix des hommes auxquels on a confié les fonctions civiles n'est pas toujours irréprochable : on a déporté dans les emplois africains, plus d'un agent dont on avait à se plaindre en France, plus d'un solliciteur bien recommandé, qui venait y chercher un refuge contre des jugements de prise de corps; et ces malheureux choix ont jeté la déconsidération sur le personnel administratif; ils ont fourni un déplorable aliment à l'esprit de médisance et de calomnie, toujours en éveil chez des hommes inquiets et mécontents, comme sont les habitants de l'Algérie. Cependant, c'est un devoir pour nous de le dire, on rencontre, en Afrique, un assez grand nombre de fonctionnaires capables et zélés, avec lesquels on pourrait former la base d'une bonne administration. Beaucoup d'entre eux joignent à une capacité suffisante une parfaite connaissance du pays, une éducation locale précieuse, cultivée par goût plus encore que par devoir; mais j'ai remarqué partout, chez les véritables fonctionnaires africains, un découragement profond, dont il nous est facile maintenant de comprendre la cause : quelle que soit la position qu'ils occupent, humble ou élevée, ils ne sont jamais sûrs de la conserver, car ils ne croient ni à la justice, ni aux intentions bonnes et éclairées de ceux dont ils dépendent !

Je n'entrerai point dans d'aussi grands détails sur les services spéciaux de la justice et des finances. L'administration des finances, considérée comme service public, est parfaitement organisée, et peut-être même dans de trop grandes proportions. Ses agents, généralement empruntés à l'administration française, ont une double carrière, un double avenir : ils appartiennent à la fois à la métropole et à la colonie, et leur existence n'est pas abandonnée à la merci des bureaux de la guerre. Ils ont en outre l'avantage de posséder l'aptitude de la fonction qu'ils exercent, car ils sont généralement choisis parmi les jeunes gens qui se destinent à la carrière des finances, tandis que la plupart des employés civils proprement dits, obligés de tout savoir, les lois, l'administration, l'économie publique et coloniale, sont pris au hasard, selon le bon plaisir ou l'intérêt de la direction souveraine, parmi la foule des solliciteurs. On a remarqué comme un fait caractéristique, que le département des Landes avait le privilége de produire une très grande quantité de fonctionnaires africains.

On reproche à l'administration des finances, dirigée par un homme d'une éminente capacité, un esprit fiscal dont l'exigence et l'habileté paraissent prématurées. Mais les éléments et la compétence nécessaires nous manquent pour examiner à fond cette question; nous ne voudrions pas répéter aveuglément toutes les plaintes des intérêts qui se croient lésés, ni les réclamations de la liberté absolue du commerce. Alger est un port franc pour les substances alimentaires, le blé et les bestiaux; je ne trouve pas qu'il soit absurde de prélever sur l'importation des autres denrées un droit modéré, qui ne dépasse pas la quotité d'un impôt légitime (1). Alger n'a pas la destinée d'un *em-*

---

(1) Voir le Bulletin officiel, ordonnance royale du 11 novembre 1835.

Extrait du tarif des douanes adopté pour l'Algérie.

IMPORTATIONS.

Marchandises provenant de France. — Art. 7. Les produits de France, à l'exception des sucres, et les produits étrangers nationalisés en France par le paiement des droits seront admis en franchise dans les possessions françaises du nord de l'Afrique, sur la présentation de l'expédition de douane délivrée à leur sortie de France.

Marchandises étrangères et productions des colonies françaises venant de l'étranger ou des ports de France. — Art. 8. Seront également admises en franchise, venant de l'étranger et des ports de France, les marchandises étrangères et productions des colonies françaises énumérées ci-après :

Grains et farines; foin, paille et fourrages; légumes frais,

porium, c'est-à-dire d'un vaste dépôt de marchandises destinées à l'exportation, et, quoi qu'on fasse, il ne deviendra pas un Synca-

fruits frais ; bois à brûler, charbon de bois et de terre ; bois de construction et de menuiserie ; pierre à bâtir, chaux, plâtre, pouzzolane, briques, tuiles, ardoises, carreaux en terre cuite ou en faïence, verres à vitres, fonte, fers et aciers, fondus ou forgés, ferblanc, plomb, cuivre, zinc, étain, à l'état brut et simplement étirés ou laminés ; chevaux et bestiaux, plants d'arbres, graines pour semences.

Art. 9. Les sucres de toute sorte, bruts, terrés ou rafinés, et les cafés, acquitteront à l'importation les droits suivants :

Sucres
- français . . . . 10 f.
- étrangers
  - venant des entrepôts de France 16
  - d'ailleurs. 20

Cafés
- venant des entrepôts de France. 12
- d'ailleurs. 15

par 100 kil.

Art. 10. Les autres marchandises étrangères non prohibées à l'entrée en France acquitteront à leur importation :

d'un port de France, 1/5) des droits fixés par le tarif
d'un port étranger. . 1/4)   général de France.

Art. 11. Les marchandises étrangères prohibées à l'entrée en France, autres que les sucres rafinés, seront admises dans les ports des possessions françaises du nord de l'Afrique moyennant le paiement des droits ci-après :

Venant d'un port français. . . . 12 f.)
— d'un port étranger. . . . 15) p. 100 de leur va..

pour. Il n'y peut venir d'autres marchandises que celles qui ont la consommation locale pour destination, et je ne vois pas la nécessité de renoncer à un impôt raisonnable et modéré, le seul qui pourra de longtemps se percevoir en Afrique, en vue d'un avantage impossible. Syncapour approvisionne tout l'Archipel indien, la Chine, le plus vaste marché de l'Asie ; c'est l'immense bazar où les produits européens viennent s'échanger contre les denrées d'une riche partie du globe ; où est le marché que la liberté absolue du commerce voudrait s'ouvrir à Alger ? Toutes les denrées alimentaires et de première nécessité, les grains, les fourrages, les légumes et fruits frais, toutes les matières premières de la colonisation, le bois et les métaux sont admis en toute franchise : est-ce ruiner le commerce et fermer l'avenir à la colonie que de faire payer aux consommateurs africains, affranchis de toute autre taxe, un impôt de 10 à 15 p. 0/0 sur les calicots anglais ? La ville d'Oran, à cause de sa proximité des côtes d'Espagne, est destinée à un commerce d'exportation considérable : elle doit disputer avec avantage à Gibraltar les bénéfices du commerce interlope. Un entrepôt, en ce moment projeté, et qui, nous l'espérons, sera prochainement établi, conciliera raisonnablement les intérêts de la liberté commerciale avec ceux du fisc (1). Quant aux autres entraves que la fiscalité opposerait à la colonisation de l'Algérie, comme les patentes, les droits mis sur les cantines, il paraît qu'elles n'empêchent rien, car il y a trois fois plus de débitants en Afrique qu'il ne serait nécessaire dans l'intérêt de la colonie, et surtout dans celui de la moralité de l'armée et de la population.

Il est un autre reproche plus grave que j'ai entendu faire à l'administration des finances, qui comprend dans ses attributions la gestion du domaine; on l'accuse de retarder par ses lenteurs et par d'interminables formalités les

(1) Des négociations pour l'établissement d'un entrepôt réel à Oran ont été entamées avec un négociant d'Oran, M. Puig-y-Mundo. A l'époque de notre passage à Oran, on les disait à peu près conclues; la discussion de la Chambre sur les affaires d'Alger nous apprendra peut-être où elles en sont.

concessions de terres aux émigrants, et d'avoir longtemps engagé à ce sujet un conflit d'attributions avec la direction de l'intérieur, qui, investie du droit d'accorder les concessions, se serait trouvée plus d'une fois dans l'impossibilité de l'exercer, faute du concours de l'administration rivale. Mais ce reproche, que je crois fondé en fait, ne doit pas retomber exclusivement sur la direction des finances, et les choses sont ici beaucoup plus coupables que les hommes. L'inconvénient que nous signalons tient en grande partie à un vice général de l'organisation administrative en Afrique, vice que nous exposerons tout à l'heure après avoir dit quelques mots du service de la justice.

Quant au personnel, l'administration de la justice est dans une assez bonne condition de sécurité et d'indépendance. Choisis dans les rangs de la magistrature française, les juges africains restent attachés au ministère dont ils relèvent, sinon par des liens directs, du moins par des rapports de tutelle et même de surveillance, qui sont pour eux une précieuse garantie. Un emploi de judicature en Afrique est une promesse d'avancement. L'ordonnance royale du mois de mai 1841, qui a reconstitué le service de la justice en Algérie et installé une Cour royale, a resserré encore les liens qui rattachent la magistrature africaine au ministère de la justice, et c'est là, je crois, son meilleur effet. Il n'y a pas en France de tribunaux aussi occupés que ceux de l'Algérie, et parmi cette population, qui ne s'élève qu'à 32,000 Européens pour toute la Régence, à 63,000 individus environ en y comprenant les indigènes habitant les villes, il y a plus de délits et de procès que dans tout le ressort d'une Cour royale de la métropole. Les formes de la procédure française ont dû nécessairement s'effacer ici devant la nécessité de faire prompte justice, et malgré l'allure expéditive des tribunaux africains, ils ne réussissent pas encore à suivre l'incroyable mouvement des délits et des affaires dans cette étrange société. La statistique judiciaire de l'Algérie, qui doit être prochainement publiée, confirmera par des faits incontestables tout ce que nous avons dit et dirons encore sur la situation morale et économique du chétif embryon de colonie dont nous avons tant de peine à constituer l'existence.

Outre les nombreux inconvénients que nous avons déjà signalés, l'administration africaine, considérée dans son ensemble, est frappée d'un vice radical qui lui ôte la condition fondamentale de la vie : elle manque d'unité. Chacun des services que nous avons passés en revue est moins la partie intégrante d'un gouvernement, qu'une administration isolée, sans autre lien avec les autres que le rapport de juxta-position. Il faut sortir de l'Afrique et aller jusqu'aux bureaux de la guerre pour rencontrer l'autorité qui réunit et centralise ces organes dispersés du pouvoir. Il y a cependant en Afrique un gouvernement qui, en principe, possède, comme nous l'avons vu, la prérogative de ramener à l'unité les administrations placées au-dessous de lui. Malheureusement cette prérogative ne peut s'exercer en fait avec la régularité et la permanence, qui seules constituent l'action d'un véritable gouvernement. Le gouverneur de l'Algérie est le chef de l'armée, le général qui dirige les opérations de la guerre et de la conquête, et ces soins belliqueux ont été jusqu'ici et seront encore pendant quelque temps sa principale occupation. La guerre entraîne le gouverneur pendant la moitié de l'année, loin du siége de son gouvernement, au milieu du pays à conquérir, et lui interdit pendant des mois entiers toute communication avec Alger. Un officier-général remplace, il est vrai, le gouverneur pendant son absence, mais son commandement ne peut être qu'exclusivement militaire, et, pour tout le reste, ce chef intérimaire, étranger à l'ensemble des affaires, se borne à donner des signatures. L'absence du gouverneur est une véritable suspension du pouvoir. Les différents chefs de service étant tous égaux et collègues, l'unité, c'est-à-dire la force et l'activité du pouvoir, est rompue. Nous avons vu que les attributions des différents services se touchent par des points importants et peuvent donner lieu à des conflits. Qu'adviendra-t-il si les administrations se heurtent et s'arrêtent l'une l'autre, au lieu de se servir, comme cela est arrivé à propos des concessions? Qui statuera, en l'absence du gouverneur, sur les différends prévus qui peuvent s'élever entre elles (1)? qui leur imprimera l'impulsion, si elles sommeillent dans la poussière des bureaux ? Napoléon, qui s'entendait en administration, disait que si on ne remontait pas de temps en temps le zèle des agents du pouvoir, ils finiraient par s'endormir dans le travail des bureaux; or, en Afrique, un pareil sommeil serait la mort. Il faudra donc, en l'absence du gouverneur, recourir fréquemment à l'intervention de Paris, et c'est ce qui arrive. Dans un pareil état de choses, la Direction de Paris prendra naturellement l'habitude de gouverner et d'administrer l'Algérie par correspondance, jusque dans les plus petits détails, et l'action du gouvernement local, si nécessaire au développement d'une colonie, se trouvera bientôt complétement annulée en fait. L'inconvénient que nous signalons ici est peut-être le plus grave de tous ceux que présente l'organisation du pouvoir civil en Algérie.

(1) Voir plus haut, page 296, l'énumération des principales attributions du gouverneur-général.

Nous terminerons cet examen critique de l'administration africaine, par une réflexion sur laquelle nous nous permettons d'appeler l'attention de tous les hommes qui portent intérêt à la conquête et à la colonisation de l'Algérie. Après avoir exposé, comme nous l'avons fait, la destination et les principales attributions des différents services qui constituent le gouvernement en Afrique, on est forcé de reconnaître avec un triste étonnement, que les organisateurs de l'Algérie n'ont pas songé à autre chose qu'à réglementer et organiser une société toute faite; l'idée qu'il s'agissait, au contraire, de travailler à la formation d'une société non encore existante ne leur est pas venue, ou, si elle s'est présentée à eux, ils l'ont repoussée; ils n'ont pas compris le but de cette grande entreprise, ou ils en ont détourné leurs efforts ! En effet, toutes ces administrations que nous venons de passer en revue ne s'adressent-elles pas exclusivement à une société déjà constituée? Leurs attributions ne supposent-elles pas toujours l'existence de ce qui n'existe pas? où trouvons-nous dans tout cela les instruments spéciaux de la colonisation ? C'est à peine si le mot en est prononcé! On confie à la Direction de l'Intérieur l'administration générale, *provinciale, communale, l'agriculture,* etc. N'est-ce pas supposer évidemment qu'il y a en Algérie des *provinces,* des *communes* et de l'*agriculture,* et que le gouvernement n'a pas autre chose à faire qu'à les *administrer* ? Quelle étrange méprise! administrer les communes et l'agriculture de l'Algérie, où il n'y a pas une seule commune qui mérite ce nom, où la conquête du sol par le travail n'est nulle part commencée, où la population agricole n'existe pas! Nous avons un vaste pays à *coloniser,* dans le sens le plus large du mot; la colonisation n'est possible que par l'intervention éclairée du gouvernement, et le gouvernement n'a songé encore qu'à administrer! Comprend-on maintenant pourquoi l'Afrique a refusé jusqu'ici de nous donner une colonie ?

Une pareille méprise était pardonnable il y a quelques années, alors que le gouvernement disait : « Je ne colonise pas, je laisse faire les colons qui viendront s'établir sous la protection des camps militaires. » Mais aujourd'hui qu'il est démontré avec la dernière évidence, par les faits comme par les principes, que la colonisation ne se fera pas toute seule, que le gouvernement seul a le pouvoir d'en provoquer et d'en favoriser le développement, aujourd'hui persister obstinément dans le système d'impuissance auquel cette déplorable illusion a donné lieu, ce serait commettre un acte de folie ou de trahison. Le premier devoir du gouvernement français, dans l'affaire d'Afrique, n'est pas d'administrer plus ou moins bien le peu qui existe en Algérie, c'est de travailler avec énergie et dévouement à la création de ce qui n'existe pas, de ce qui ne peut exister que par lui !

Maintenant concluons : la question d'Afrique est une question politique et nationale; par conséquent une affaire de gouvernement; donc la première chose à faire, si l'on veut la résoudre, est de substituer l'action du gouvernement à l'action de la bureaucratie. Comment cela ? Casimir Périer nous l'a dit : 1° Il faudrait que cette immense affaire fût placée, non sous la direction exclusive d'un ministère spécial, mais sous celle de la présidence du conseil, de manière que le cabinet tout entier participât à la connaissance et au mouvement de la question. Alors le personnel de l'administration civile proprement dite serait rattaché au ministère de l'intérieur, comme le personnel de la justice et des finances est rattaché aux services correpondants de la métropole. J'ai entendu encore proposer une autre combinaison qui permettrait d'atteindre le même but : ce serait de créer un ministère des colonies, particulièrement chargé de tout ce qui se rapporte à la colonisation de l'Algérie, mais en rattachant aux différents ministères les employés africains qui lui seraient confiés. 2° Les attributions du gouvernement local sont trop vagues, pas assez définies ; elles lui permettent tout et lui refusent tout en même temps : donc il importe de les limiter et de les définir, en lui laissant la liberté d'action nécessaire à l'accomplissement de la grande mission qui lui est confiée. Le conseil d'administration, placé près du gouverneur, devrait aussi être composé de manière à ce que la discussion des affaires y fût possible. 3° Le pouvoir civil manque d'unité, de force et d'indépendance : donc il est nécessaire de le centraliser dans les mains d'un fonctionnaire civil d'un ordre éminent, assez éclairé pour embrasser les généralités de la question d'Afrique, sous le double point de vue de la colonisation et de l'administration, investi d'une autorité assez respectée pour faire marcher les différents services au but que la France a résolu d'atteindre. Une pareille fonction n'est point incompatible avec l'autorité d'un gouverneur militaire; tout dépend du choix de l'homme auquel serait confiée cette magistrature importante. Je puis affirmer que le gouverneur actuel de l'Algérie sent le besoin d'un pareil auxiliaire. Il faut, en outre, que l'administration civile fasse autre chose qu'exécuter les ordres d'un bureau de Paris: il faut qu'elle administre réellement, et pour cela elle doit posséder, sur le personnel qui la sert, l'autorité nécessaire pour le diriger et le protéger au besoin. Le gouvernement de la métropole doit nettement déclarer quelles sont les fonctions dont il se réserve la nomination absolue, quelles sont celles qu'il abandonne au choix du gouvernement local, établir solidement la hiérarchie, mettre des conditions et des règles à l'avancement. 4° Il n'y a en Algérie ni municipalités, ni communes, et cependant les principales villes occupées, comme Alger, Oran, Bône et Philippeville renferment déjà les éléments propres à la constitution de véritables communes; donc il faut constituer ces communes, afin de développer sur ces points l'esprit de localité, le civisme municipal, et de réunir par quelque lien respecté les éléments désunis de la population. 5° Le but que la France poursuit en Afrique est la prise de possession du sol conquis par la population européenne et par le travail, c'est-à-dire la colonisation, la transplantation d'une société sur la côte africaine; or, nous avons vu qu'on avait précisément oublié d'organiser en Algérie les instruments propres à effectuer la colonisation. Donc il est de première urgence de disposer ces instruments et d'affecter à l'œuvre coloniale un service spécial. Il ne s'agit pas ici d'administrer les communes et l'agriculture; il s'agit de créer des communes et l'agriculture, là où elles n'existent pas. Mais la nécessité de toutes ces réformes ne ressort-elle pas clairement de l'examen critique du gouvernement et de l'administration en Algérie, et avons-nous besoin de rien dire de plus ?

Beaucoup de personnes, frappées des abus de l'autorité militaire, préoccupées de l'œuvre pacifique et coloniale que nous devons accomplir en Afrique, croient trouver un remède à tous les maux dans la substitution d'un gouverneur civil au gouverneur général institué en Algérie. Cette opinion que nous avons entendu exprimer plus d'une fois, par des hommes éclairés et pleins de zèle pour la future colonie, ne nous semble malheureusement, dans les circonstances actuelles, qu'une dangereuse illusion, une impraticable utopie. Les personnes et les attributions qu'on leur confie n'ont pas sur les choses l'empire qu'on s'imagine, et, en Afrique, c'est plus les choses que les personnes qu'il importe de changer. Or, dans la situation actuelle de l'Algérie, substituer un gouverneur civil à un gouverneur militaire, ce ne serait pas opérer autre chose qu'un changement de personnes. Un exemple exprimera clairement notre pensée. Un gouverneur civil, investi en principe de l'autorité suprême, se trouverait en fait dans la position où nous avons vu le magistrat civil à Bougie : il serait exactement, vis-à-vis le chef de l'armée, sans laquelle rien n'est possible, ni la conquête, ni la colonisation, ce qu'est le commissaire-civil de Bougie vis-à-vis le commandant d'une garnison de 1,500 hommes. Tant qu'il y aura en Afrique une armée de 80,000 hommes et une population civile de 30,000 Européens seulement, dont plus de moitié ne peut pas être comptée comme population régulière, comme population utile, le gouvernement devra être en principe ce qu'il deviendrait nécessairement en fait, un gouvernement militaire. D'ailleurs, l'armée n'a pas seulement pour mission d'exécuter par les armes la conquête matérielle; elle est aussi, nous l'avons vu, par sa discipline, par sa force organisée, le plus énergique instrument de la colonisation. Serait-il raisonnable, serait-il prudent de confier la suprême autorité à un magistrat civil qui, aux yeux de l'armée, ne représenterait pas autre chose que les vivandiers qu'elle traîne à sa suite? Ne demandons pas des réformes prématurées et impossibles. Autant que personne, nous comprenons la nécessité de donner au pouvoir civil, la force et l'indépendance dont il manque en Afrique; mais nous croyons qu'il n'est pas absolument nécessaire de déplacer l'autorité pour obtenir ce résultat. Nous avons la conviction que la centralisation de l'autorité administrative et coloniale, dans les mains d'un premier magistrat civil, suffit en ce moment aux intérêts et aux besoins bien compris de l'Algérie. Les meilleures choses ne sont bonnes qu'en leur temps. Aujourd'hui nous ne sommes encore en Afrique qu'à la conquête, au début de la colonisation par l'emploi de la discipline et des bras de l'armée. Les éléments d'un gouvernement civil manquent donc complétement encore à ce pays auquel nos espérances donnent prémâturément le nom de colonie. Lorsque ces éléments se seront déposés sur le sol africain, lorsque la conquête sera terminée, et l'œuvre de la colonisation suffisamment préparée par les travaux de l'armée, alors le gouvernement civil sera un bienfait pour l'Algérie, parce qu'il y trouvera les éléments de l'indépendance et de l'action. Aujourd'hui, l'application du gouvernement purement civil à l'Algérie, ne serait qu'une mauvaise expérience de plus!

CHAPITRE II.

De la population européenne, de ses éléments et de sa valeur comme population coloniale.

Il ne nous reste plus maintenant, pour achever notre tâche, que d'examiner rapidement la situation coloniale de l'Algérie. La France possède, depuis onze ans, des établissements dans le nord de l'Afrique : quels sont ces établissements? quels éléments la civilisation française a-t-elle déposés sur la terre nouvelle? où en est enfin l'œuvre de la colonisation, qui est, comme nous l'avons démontré, la condition première et indispensable pour conserver et assurer la conquête?

Il est triste, presque humiliant, d'avoir à répondre à de semblables questions. Nous avons aujourd'hui en Algérie une armée de 80,000 hommes et une administration dont le personnel suffirait à la gestion d'une société importante et presque d'un empire. Quant à la société civile elle-même, elle se compose d'une ville capitale de 18,000 ames environ (Européens), de trois autres villes à la côte qui comptent chacune de 2 à 3,000 habitants, et de plusieurs postes occupés, où ne se trouvent pas réunis dans chacun plus de 300 à 600 Européens. Le total de la population européenne en Algérie s'élevait, au 30 septembre dernier, à 32,017 individus, sur lesquels on ne comptait que 13,563 Français. Tels sont les éléments civils et sociaux qui se sont déposés, après onze ans d'occupation, sur un littoral de deux cents lieues de développement! 80,000 soldats et 32,000 habitants, voilà le bilan colonial de l'Algérie.

Et encore cette population, si faible par son chiffre, si insignifiante comparée à l'étendue du territoire que nous occupons, nous donnerait une idée beaucoup trop grande de la situation actuelle de la colonie, si on en jugeait par elle. En effet, si l'Algérie nourrissait aujourd'hui 32,000 Européens des produits de son sol, si la population européenne qui a émigré en Afrique était réellement attachée à la terre nouvelle par des intérêts permanents, comme ceux de la propriété et de la culture, on pourrait dire que nous possédons déjà un commencement de colonie. Mais, hélas! il faut bien l'avouer, quoi qu'il en coûte, cette population n'est que momentanément déplacée, elle n'est pas transplantée. Elle n'emprunte guère au pays sur lequel elle est campée d'autre aliment, d'autre moyen d'existence, que l'air qu'elle respire : tout le reste, elle le tire de l'Europe, et elle ne donne rien en échange. Les nombreux vaisseaux qui, chaque jour, viennent déposer à la côte d'Afrique les denrées de l'Europe, ne remportent de la colonie que des pierres pour se lester ou des soldats malades. L'Afrique est jusqu'à présent comme l'antre du lion : on voit bien la richesse y entrer, on ne la voit point sortir. Voilà, dira-t-on, un singulier phénomène économique ! Mais, si les colons algériens ne tirent rien du sol sur lequel ils ont émigré, avec quoi donc peuvent-ils acheter ce qu'ils consomment ? On n'achète des produits qu'avec des produits, des valeurs avec des valeurs ; comment donc, à moins d'être composés exclusivement de capitalistes ou de rentiers, les colons d'Afrique peuvent-ils consommer les denrées de l'Europe sans rien donner en échange ?

C'est que la presque totalité de la population européenne, qui s'est momentanément déplacée pour aller en Afrique, reçoit ses moyens d'existence en échange de services et non de travail productif : elle vend à l'armée son intervention mercantile, ses complaisances de toute sorte, et c'est le budget qui paye. Elle se compose, à peu d'exceptions près, d'individus employés à la consommation et aux menus plaisirs d'une armée de quatre-vingt mille hommes. L'Algérie peut être considérée, en général, comme une immense ville de garnison où tout ce qui n'est pas soldat est fonctionnaire public ou tavernier. N'est-on pas forcé, malgré soi, de tirer d'un pareil fait économique, malheureusement trop réel, cette conclusion affligeante, qu'il n'existe pas encore en Afrique de société régulière, mais seulement une société d'exception et tout artificielle ? Peut-on donner le nom de colonie à un établissement dont l'existence et la prospérité dépendent uniquement de la présence d'une armée ?

En effet, l'Algérie, telle que nous l'avons vue, ne mérite pas encore le nom de colonie mercantile. Loin d'être une extension de la France, un agrandissement de notre nationalité, ce n'est pas même encore pour nous un comptoir commercial, une colonie mercantile. Les colons n'ont point pour fonction d'échanger les productions spéciales du nord de l'Afrique contre les denrées de l'Europe, mais seulement de fournir à l'armée, en échange de sa solde et de son budget, les objets nécessaires à sa consommation. Ils rendent à l'Europe, après en avoir retenu une partie, l'argent que la France consacre à l'entretien de son armée d'Afrique : voilà tout. Le budget de la guerre est la seule matière commerciale qu'exploitent les colons : le sol de la colonie ne fait que les porter, et si l'achèvement de la conquête et la soumission entière des indigènes permettaient à la France de garder la terre d'Afrique avec trente ou quarante mille soldats, cet événement si heureux pour la métropole serait la ruine de la prétendue colonie, dans la situation où elle est aujourd'hui, et la population européenne y diminuerait immédiatement de plus de moitié. Chaque régiment qui repasserait en France entraînerait avec lui cinq ou six cents habitants.

Le rapport de la population civile au chiffre de l'armée n'est guère plus élevé dans toute l'Algérie, qu'il ne l'est sur certains points d'occupation militaire, où les colons ne peuvent avoir d'autre moyen d'existence que la consommation de l'armée, comme à Bougie, Gigelly et Mostaganem. A Bougie, on compte 377 habitants civils pour 1,500 soldats, c'est-à-dire un colon pour moins de quatre soldats ; et, bien qu'il semble impossible que la consommation de quatre soldats puisse faire vivre un individu, la population civile, à l'exception de quelques employés et de quelques hommes de peine, n'a réellement pas d'autre ressource. Dans l'Algérie prise en masse, le rapport du chiffre de l'armée à celui de la population civile est comme 2.66 est à 1, c'est-à-dire que l'on compte près de trois soldats pour un colon, ou en d'autres termes, que la proportion de la population civile n'est que d'un tiers plus élevée qu'à Bougie. Et ce tiers ne représente pas encore, à beaucoup près, la population indépendante et vraiment coloniale de l'Algérie, car le personnel administratif et tous les individus qui en dépendent, comme femmes, enfants et domestiques, doivent former une assez bonne part de ce tiers de population qui ne paraîtrait pas vivre de la consommation de l'armée. Je regrette beaucoup de ne m'être pas procuré en Afrique un tableau exact de la répartition des habitants civils dans les différentes occupations dont ils vivent, à Bougie, par exemple. C'eût été une observation économique assez curieuse que de montrer comment moins de quatre soldats pouvaient attirer auprès d'eux et faire vivre un habitant civil.

Dans ce nombre total de 32,000 Européens, on compte 14,669 hommes et seulement 7,742 femmes. Et, comme nous l'avons déjà observé, un nombre considérable de ces femmes appartient à l'armée. La population civile de l'Algérie se compose donc plutôt d'individus que de familles : la majorité de cette population est évidemment formée d'émigrants de passage, venus pour exploiter le trafic auquel donne lieu la présence d'une nombreuse armée. La plupart de ceux qui viennent en Afrique songent moins à s'y établir qu'à y ramasser un pécule : ils sont pour la colonie ce que sont les Biskris pour la ville d'Alger, une population d'emprunt, qui aspire sans cesse à retourner dans la primitive patrie. Le nombre des Européens qui retournent annuellement d'Afrique en Europe, égale, à peu de chose près, le nombre de ceux qui émigrent d'Europe en Algérie.

Voici maintenant dans quelle proportion les émigrants sont répartis entre les différentes nations qui les fournissent. Sur 32,000 Européens, on compte 13,569 Français; 9,591 Espagnols; 4,392 Maltais (sujets de l'Angleterre); 3,136 Italiens, et 1,329 Allemands. La proportion des étrangers est donc plus forte dans notre colonie que celle des émigrants nationaux : 18,448 étrangers contre 13,563 Français!

Il est juste de dire que l'élite de l'émigration, les colons qui représentent à peu près la civilisation européenne, comme cette petite bourgeoisie algérienne dont nous avons parlé dans le chapitre précédent, appartiennent généralement à la population française. Elle regagne ainsi en importance, par la qualité de quelques-uns de ses membres, ce que lui ferait perdre l'infériorité du nombre. Mais ces colons d'élite ne forment dans la population totale qu'une bien faible minorité, et, considérés en masse, les colons français ne présentent guère plus d'avantages sous le rapport de la valeur coloniale que sous celui du nombre. La proportion des individus qui ont le goût et l'aptitude des travaux agricoles, y est assurément moindre que chez les émigrants d'origine espagnole.

C'est à l'île de Minorque que nous devons la meilleure population coloniale de l'Algérie. Le port de Mahon, régulièrement visité depuis plusieurs années par tous les bateaux à vapeur de la correspondance, a enrichi Alger et surtout sa banlieue, des plus précieux colons qu'ils possèdent. Les Mahonais émigrent presque toujours en famille : ils sont paisibles, de mœurs fort douces, laborieux, intelligents et particulièrement habiles aux travaux du jardinage. Le voisinage de leur île, la ressemblance du climat et même du sol, leur font trouver dans le nord de l'Afrique comme une seconde patrie, et l'éducation agricole qu'ils ont reçue dans leur pays les rend tout à fait propres à l'exploitation du sol de l'Algérie. Presque tous les jardiniers des environs d'Alger sont Mahonais. On compte à Alger et dans sa banlieue plus de cinq mille émigrants des îles Baléares. Nous avons la certitude que si l'Algérie offrait aux Mahonais les avantages que l'on doit s'attendre à trouver dans une colonie, presque toute la population de ces îles passerait bientôt en Afrique; mais, par malheur, les Mahonais n'ont pas d'autre espoir en Algérie que celui de devenir journaliers agricoles, jardiniers pour le compte d'autrui, ou petits fermiers. Il leur est très difficile d'acquérir la propriété du sol qu'ils cultivent, et par conséquent de s'établir définitivement dans la colonie. Tout le sol qui convient aux habitudes agricoles de cette population, toute la terre propre à l'hortolage, est possédée, et le propriétaire, le plus souvent incapable de la cultiver par lui-même, ne consent à l'aliéner ou à en céder l'usage qu'à un prix très élevé, qui augmente de jour en jour. Les loyers payés par les cultivateurs qui tiennent à ferme s'élèvent déjà, au village de Moustapha supérieur, à la somme de 140,760 fr. J'ai vu, avec un profond regret, je l'avoue, des familles mahonaises acheter au prix de quatre à cinq cents francs par an le droit de défricher et de mettre en valeur un fond de ravin laissé inculte depuis la conquête. Les agriculteurs mahonais, ne pouvant être que journaliers ou fermiers, ne songent point à s'établir définitivement dans la colonie. Ils conservent forcément l'esprit de retour, que pourrait seul leur faire perdre l'intérêt de la propriété. Ils viennent en Afrique pour retirer momentanément de leur travail un prix plus élevé, et acquérir ainsi un pécule destiné à acheter un petit morceau de terre dans leur patrie. Ils ne réalisent pas leurs économies en Afrique, parce que, dans le voisinage d'Alger, il leur en coûterait plus pour devenir propriétaires que dans leur propre pays. On rencontre fréquemment, tout près d'Alger, d'anciennes propriétés mauresques tout à fait abandonnées, des terres incultes et des maisons en ruine; mais un contrat de vente veut absolument que cette terre reste en friche, jusqu'à ce que le détenteur, incapable de cultiver par lui-même, ait réussi à trouver un fermier ou un acheteur! La banlieue d'Alger, où tout le sol est possédé, ne peut recevoir que des journaliers et des agriculteurs à bail. Si nous parvenons à la peupler et à la cultiver à de pareilles conditions, nous aurons résolu un problème que la véritable économie coloniale déclare insoluble! Le territoire qui entoure Alger à une assez grande distance, toute la partie du Sahel appelée *Fhas*, ne peut être, comme nous le verrons bientôt, qu'un champ de plaisance pour les habitants aisés de la ville. Il ne sera complétement mis en culture qu'au moment où les propriétaires urbains seront assez riches pour se créer, par le travail d'autrui, de beaux jardins et des maisons de campagne. Quel dommage qu'une partie de ce beau sol ne puisse être possédée par ces précieuses familles de jardiniers mahonais, que la propriété fixerait à jamais dans notre colonie! La France gagnerait beaucoup à posséder autour d'Alger quelques bastides de moins et quelques familles de plus!

Les émigrants de Malte sont, après les Espagnols, l'élément le plus nombreux de la population européenne. A la fin de 1841, on comptait en Afrique 4,392 Maltais : 1,115 à Alger et dans sa banlieue, le reste dans les villes occupées de l'est, principalement à Bône et Philippeville. Les Maltais ont une tendance encore plus prononcée que les Espagnols à émigrer en Afrique; l'étroitesse et la stérilité de leur territoire, la fécondité de leur population, la gêne du régime anglais, leur esprit aventureux, les amènent par bandes nombreuses en Algérie. La ressemblance de leur langue et même de leur caractère avec la langue et le caractère des Arabes, en fait, pour ainsi dire, des habitants naturels du nord de l'Afrique.

Cet élément de la population africaine mérite d'être sérieusement étudié, car, bon ou mauvais, il ne dépend pas de nous de le rejeter. Il doit former nécessairement une partie intégrante de la population définitive de notre colonie ; or, pour l'utiliser convenablement, il faut le connaître. A entendre la plupart des colons européens, les Maltais sont un fléau pour l'Algérie, et la France devrait renvoyer sur leur aride rocher ces hôtes importuns et dangereux. Ces plaintes sont en partie fondées, en partie exagérées et injustes, comme nous allons voir. Les Maltais sont très enclins au vol et au vagabondage, cela est malheureusement vrai. Les pasteurs chevriers, qui sont tous Maltais, fort nombreux à Alger et à Bône, inspirent presque autant de frayeur aux habitations isolées, que les maraudeurs indigènes. On les accuse de dévaster les jardins, de vivre de pillage, et même de s'entendre avec les voleurs arabes.

On dit, car l'opinion leur est partout défavorable, que le plus grand nombre des émigrants de Malte sont des repris de justice ou des gens de mauvaise vie expulsés de l'île par la police anglaise, qui nous enverrait ainsi le rebut de la population. S'il en était ainsi, notre agent consulaire à Malte entendrait bien mal son devoir : sa principale fonction doit être aujourd'hui de surveiller l'émigration destinée à l'Algérie et de refuser des passeports aux hommes mauvais et dangereux. Cependant il se pourrait que notre gouvernement n'ait pas songé à recommander à son agent à Malte la surveillance de l'émigration. On ne prend pas la peine de la surveiller et de la diriger en France(1); il est probable qu'on ne s'en occupe pas plus à l'étranger.

Heureusement que toute la population maltaise ne se compose pas de bédouins nomades et de

(1) Au mois de septembre dernier, le gouverneur de l'Algérie avait fait appel aux terrassiers et maçons de France, qu'il invitait à venir prendre part aux travaux de la colonie. Plusieurs centaines d'émigrants arrivèrent; mais l'administration avait commis la faute d'accorder le passage, comme à des ouvriers utiles, à bon nombre de

chevriers ; prise en général, elle vaut beaucoup mieux que sa réputation. Les Maltais ont des habitudes sociales et des procédés de trafic qui les rendent supérieurs à la plupart des autres Européens de même condition. Ils sont pauvres, mais habiles à trouver des ressources. Chez eux, l'émigrant isolé n'est pas abandonné au hasard des chances individuelles ; partout où il rencontre des compatriotes, il trouve des protecteurs et des amis. Les Maltais forment en Afrique une sorte de communauté ou de corporation, qui se fait un devoir d'aider et de secourir tous ses membres. Dès qu'un émigrant arrive, ceux qui sont établis avant lui s'occupent activement à lui trouver une place, et pendant que les colons des autres nations cherchent péniblement un emploi, le Maltais est tout de suite pourvu. Ces habitudes d'association et de solidarité, les Maltais les portent dans la pratique du négoce,

tisserands, de fileurs de coton, d'aventuriers sans ressource, parmi lesquels se trouvaient des musiciens et même des poëtes, qui adressaient au gouverneur des pétitions en vers, afin d'obtenir un petit emploi administratif. Que faire de pareils émigrants ?

et ils deviennent ainsi pour les autres trafiquants de formidables compétiteurs. Au moyen de l'association intelligente de leurs petits capitaux, ils ont eu l'habileté de s'assurer le monopole de plusieurs négoces très lucratifs. Par exemple, ce sont presque toujours des Maltais qui achètent en bloc la cargaison des petits bateaux espagnols ou italiens qui approvisionnent la côte d'Afrique de fruits et de légumes frais. Aucun des petits trafiquants maltais ne possède assez d'argent comptant pour cette opération, qui est assez importante, mais ils mettent leurs bourses en une seule, et l'association conclut le marché, au grand dépit des autres regrattiers et revendeurs, qui se trouvent ainsi obligés de s'approvisionner de seconde main.

Le Maltais n'est aussi qu'un émigrant de passage; il vient ramasser un pécule, et il repart dès que sa ceinture est suffisamment garnie. Un millier de francs est pour lui une fortune. Cependant cette population ne répugne pas au travail agricole et à la vie sédentaire; elle se fixerait volontiers en Afrique, j'en ai la conviction, si la colonie lui offrait l'espoir d'un établissement avantageux.

Dans l'état actuel de l'Algérie, elle n'y trouve d'autres ressources que le trafic, la domesticité ou l'emploi de manœuvre : elle choisit naturellement l'occupation la plus avantageuse, et, son pécule fait, elle abandonne l'Algérie où il n'y a plus pour elle ni espérance, ni avenir. Et il en est de même, à peu de variantes près, de tous les autres éléments de la population africaine. L'Italie nous a envoyé environ 3,000 émigrants, mais presque tous ne sont, comme tous les autres, que des émigrants de passage. Les races romanes, qui doivent former dans l'avenir la nouvelle nation africaine, sont donc dès ce moment réprésentées en Afrique à peu près dans la proportion où elles doivent contribuer à la fondation de la colonie : la France, l'Espagne et l'Italie, ont envoyé et envoient tous les jours de nombreux émigrants en Algérie; mais on peut dire que leur établissement n'est pas encore commencé.

On porte à 1,329 les individus de race allemande qui font partie de la population actuelle de l'Algérie. Ces colons sont les restes de quatre ou cinq cents familles allemandes, imprudemment attirées en Algérie par la spéculation coloniale, puis abandonnées à la misère et aux maladies. Obligée de les recueillir et de les sauver, l'administration a fondé précipitamment les villages de Dely-Ibrahim, et de Douéra, dans le Sahel. Les émigrants de race allemande peuvent être regardés comme les martyrs de la colonisation africaine. Ils ont traversé les plus rudes épreuves qu'il soit possible à l'homme de subir, et ceux qui y ont résisté constituent, bien qu'en très petit nombre, la partie de la population africaine qui se rapproche le plus d'une population coloniale. Dely-Ibrahim, presque exclusivement habité par des Allemands est, de tous les points de la colonie, celui qui ressemble le plus à un village agricole. Ses habitants forment réellement un petit noyau de population coloniale; ils sont déjà assez fortement attachés au sol sur lequel ils ont tant souffert, et le moment approche où ils pourront en tirer avec abondance les produits nécessaires à la satisfaction de leurs besoins.

La population européenne de l'Algérie a donc presque exclusivement le caractère d'une population urbaine : la colonie africaine possède des villes et pas de campagnes, des négociants et revendeurs de denrées européennes, mais pas de producteurs agricoles. S'il est vrai que le noyau d'une véritable colonie doit se composer principalement de familles agricoles, attachées au sol par la propriété, et tirant de leur nouvelle patrie, au moyen de la culture, les produits nécessaires à leur existence et à leur bien-être, on peut dire que l'établissement colonial des Français en Afrique n'est pas encore commencé.

Néanmoins l'administration suppose l'existence de neuf *communes rurales* (1) dans la ban-

---

(1) Ces neufs communes sont désignées sous les noms suivants : *Mustapha*, la plus importante, groupée sur un coteau au sud-est d'Alger, de manière à former un beau village; elle est habitée par 836 Européens et 400 indigènes. La majorité des habitations se compose des maisons de plaisance, mais beaucoup de jardins sont cultivés par des familles mahonaises. *Hussein-Dey*, plus à l'est, 261 Européens, 147 indigènes, situé dans la plaine fertile du Hammah. *Kouba*, dans le massif, près d'un camp militaire, village de création française, qui n'a pas réussi et dont on

lieue d'Alger ou le *Fhas*. Ces prétendues communes se composent d'environ neuf cents maisons de campagne, de construction mauresque, éparpillées çà et là dans un pays très accidenté, et souvent inabordables par défaut de chemins. Ce sont des habitations d'agrément, disposées

a fait le chef-lieu de canton de ces neuf communes. Ce chef-lieu est situé à 'une des extrémités du district, de sorte que la plupart des communes sont plus rapprochées d'Alger que de leur chef-lieu. Kouba compte 259 Européens et 164 indigènes. *Birkadem* se compose d'habitations éparpillées sur la pente des collines, dans le fond des ravins, hors de vue les unes des autres, et presque toutes habitées par des indigènes : 111 Européens, 757 indigènes. *Birmadrais*, comme la précédente, bastides éparpillées : 85 Européens, 229 indigènes. *Kaddous*, maisons également éparpillées dans une fort belle contrée, très propre à recevoir une véritable commune : 48 Européens, 372 indigènes. *El-Biar*, jolie contrée, maisons plus rapprochées, mais pas encore de manière à former un village : 435 Européens, 166 indigènes. *Bouzaréah*, maisons isolées dans des sites pittoresques : 156 Européens, 740 indigènes. Enfin la *Pointe-Pescede*, au nord-ouest d'Alger : 126 Européens, 316 indigènes. Voilà ce que l'administration appelle les ***communes rurales*** de la banlieue d'Alger.

pour la jouissance ; ce ne sont point des établissements d'exploitation agricole. Chacune de ces bastides isolées est entourée d'un jardin plus ou moins étendu, bordé d'une haie de cactus, d'aloès et d'oliviers, où les broussailles occupent généralement plus de place que la culture. Encore aujourd'hui et à peu de distance d'Alger, on rencontre assez souvent des maisons en ruine et des jardins tout à fait abandonnés. Un assez grand nombre de ces habitations, possédées par des Européens, a repris son ancienne destination de maisons de plaisance ; ceux d'entre eux qui pouvaient disposer d'un petit capital ont réparé peu à peu les désastres des premières années de la conquête, restauré les jolies campagnes mauresques, replanté les arbres et les haies, et c'est là, je crois, le progrès agricole le plus réel que la colonie ait fait depuis onze ans. Les jardins voisins de la ville qui possèdent de l'eau de source ou des puits à roues, ont reçu une destination productive, au moyen des familles mahonaises qui les afferment ou les exploitent à moitié fruit. En ce moment, les deux seuls produits agricoles de l'Algérie sont : le jardinage autour des villes occupées et, dans la campagne, l'exploitation des foins. La culture complète du sol n'est nulle part commencée, et l'agriculture n'existe encore que dans les attributions de la direction de l'intérieur.

Cependant un assez grand nombre de propriétaires, bien dignes du nom de colons, ont fait les efforts les plus généreux pour conquérir à la production agricole quelques portions du sol de l'Algérie ; ils ont travaillé avec un véritable dévouement à meubler le sol colonial des précieux végétaux qui doivent faire un jour sa richesse, surtout dans les environs d'Alger, comme le mûrier, l'olivier et la vigne. Les propriétaires colons de la banlieue d'Alger ont planté environ 80,000 mûriers et greffé 100,000 oliviers. Ces plantations ont généralement bien réussi, et quelques-unes, particulièrement celle de M. Urtis, à Kouba, donnent la plus heureuse idée de la fécondité et de la richesse de la nature africaine. Ces expériences des colons ont démontré que le sol des environs d'Alger était éminemment propre à la culture privilégiée du mûrier et de l'olivier ; mais, hélas ! qu'il y a loin encore d'une expérience de démonstration à une exploitation régulière et productive ! Pour exploiter avantageusement un sol quelconque, il ne suffit pas que ce sol promette les plus magnifiques récompenses à ceux qui le cultiveront, il ne suffit pas même encore que d'intelligents propriétaires soient disposés à faire toutes les avances qu'il réclame, il faut avant tout de la population et du travail. Et c'est ici, dans ses efforts les plus généreux et les plus intelligents, que se montre à nous l'insuffisance de la colonisation individuelle !

Prenons pour exemple la magnifique plantation de mûriers de M. Urtis. En trois ans et demi, ce propriétaire a obtenu cinq mille plants de mûriers parfaitement venus, assez forts, assez bien garnis de feuillage pour être immédiatement exploités. Ce résultat a coûté environ cinquante mille francs, et la terre, quoique de qualité très ordinaire, s'est montrée aussi généreuse, aussi bienfaisante qu'elle peut l'être; elle a concouru à la production autant qu'il dépendait d'elle. Maintenant, pour que le propriétaire reçoive la récompense qu'il mérite, il faut la rencontre de plusieurs circonstances économiques indispensables, qui, par malheur, n'existent pas en Afrique ; ce n'est qu'en redoublant de sacrifices, en continuant ses avances à l'avenir, que le propriétaire individuel parviendra à réaliser un produit qui, de longtemps, ne répondra pas à l'importance du capital absorbé.

Si la propriété dont nous parlons était située dans un pays où l'industrie séricole est en pleine activité, comme dans le département de la Drôme par exemple, elle pourrait fournir dès maintenant, sans plus d'avances, un revenu au propriétaire : il trouverait facilement à vendre sur pied les feuilles de ses mûriers. Ici, ce produit ne peut avoir une valeur que si le propriétaire l'emploie lui-même ; il construira donc une magnanerie et se livrera à l'éducation des vers. Cet établissement sera créé à peu de frais, car on assure qu'un hangar abrité par des toiles suffira pour loger les précieux insectes ; je l'accorde : mais qui cueillera les feuilles, qui nourrira et soignera les vers ? La propriété est isolée ; il n'y a pas dans le voisinage de population agglomérée et fixe, qui fournisse, à peu de frais, des femmes et des enfants pour accomplir les travaux de la magnanerie ; le propriétaire sera donc obligé de faire venir des ouvriers adultes, qui rendront les frais de main-d'œuvre quatre fois plus chers qu'en Italie ou en France. Et il ne touchera pas encore au produit ; il faudra de nouvelles avances pour installer les fours destinés à étouffer les chrysalides dans les cocons, les appareils propres à dévider et même à filer la soie. Ces travaux demandent des ouvriers habiles, des appareils assez compliqués ; ces ouvriers spéciaux n'existent pas en Algérie, il faudra donc en faire venir de France ou d'Italie.

On a remarqué qu'en France, lorsqu'on introduisait la culture du mûrier dans des localités où elle avait été jusque-là inconnue, la production était embarrassée, peu avantageuse, jusqu'à ce qu'elle fût devenue assez importante pour favoriser l'établissement, dans le voisinage, des industries auxiliaires et complémentaires, comme, par exemple, des filatures de soie. On a vu le gouvernement provoquer par des primes la création d'une filature de soie dans une certaine localité, afin de donner l'essor à la production comprimée. Que sera-ce en Afrique, où quelques individus seront obligés de tout créer, où la population indispensable à ce genre de production n'existe même pas? On fera venir sans trop de peine de magnifiques mûriers, mais en attendant que les conditions nécessaires à la production de la soie se rencontrent en Afrique, ils ne donneront pas autre chose que du bois et des feuilles.

La position des colons qui agissent isolément, suivant l'étendue de leurs ressources individuelles, a cela de désavantageux qu'ils sont solidaires les uns des autres : celui qui s'établit des premiers et fait au sol les premières avances, ne recevra la récompense de ses efforts qu'après que beaucoup d'autres auront fait comme lui. Je suppose qu'un propriétaire défriche et mette en valeur une portion du sol inculte et désert, cette terre n'aura réellement la valeur équivalente au travail qui aura été dépensé sur elle, que le jour où les terres voisines seront également défrichées, de manière à former un district agricole peuplé et cultivé. Une ferme située au milieu d'un désert, sera dans une mauvaise condition pour produire, soit à cause de la difficulté des transports, soit à cause de la cherté ou de la rareté du travail.

Aussi, en Afrique, la colonisation individuelle a renoncé à toute exploitation agricole, et elle se borne en ce moment à la récolte des foins. Cette sorte de produit est le seul qui permette au propriétaire de tirer un revenu de son domaine. La plus grande partie des foins récoltés en Algérie se composent des herbes naturelles, dont les pluies de printemps et les premières chaleurs recouvrent le sol en abondance. Au commencement de mai, tous les vallons et petits plateaux du Sahel, la plaine de la Mitidja sur les deux tiers de son étendue, forment une riche prairie naturelle, où il n'y a qu'à recueillir. Vers la mi-mai, on recrute partout des faucheurs, on enrôle des Kabyles par l'espoir d'une bonne récompense, et l'on met la faux dans les herbes : c'est l'affaire de quinze jours à trois semaines de travail. L'administration de l'armée achète les produits, à raison de 10 fr. le quintal métrique, et le propriétaire trouve d'assez grands avantages à ce genre d'exploitation. Cependant, même dans ce cas, il arrive souvent encore que le prix du travail emporte la plus grande part du produit. Aussi, la récolte des foins est le plus grand intérêt de la colonie, dans la situation où elle se trouve placée.

Malheureusement ce genre d'exploitation n'a rien de colonial, et loin de servir à notre établissement en Afrique, il lui fait plutôt obstacle; en effet, si les propriétaires se bornent à récolter des foins, ils n'auront besoin de travailleurs que pendant un mois de l'année, et les émigrants, attirés par le haut prix de journée qui leur est momentanément offert, se trouveront sans emploi le reste du temps. Si l'agriculture africaine reste longtemps encore dans cet état, on ne devra jamais espérer d'y voir naître une colonie. Il en sera de l'Algérie, comme de la campagne romaine, exploitée à peu près de la même manière, mais vide d'habitants. Des travailleurs de passage descendent chaque année des montagnes de la Sabine, et viennent y faire la récolte : en Algérie, nous aurons pareillement des aventuriers de passage, et jamais de population sédentaire.

Bien des émigrants ont déjà été les victimes de ce malheureux système d'exploitation agricole. Lorsque la récolte des foins est terminée, la demande du travail s'arrête presque subitement, et les émigrants affluent alors dans les villes et repassent bientôt en Europe. Après les travaux de la fenaison, on rencontre à Alger beaucoup d'émigrants européens sans ressource, des enfants vagabonds, des femmes en proie à la plus affreuse misère. Les travaux de la fauchaison exposent les ouvriers à de graves maladies, par suite de leur séjour prolongé dans des localités malsaines, souvent par défaut d'abris convenables; en outre, les faucheurs sont exposés à de grands dangers de la part des maraudeurs arabes, et, pendant mon séjour à Alger, une quarantaine d'entre eux, ont été enlevés ou tués par l'ennemi. L'administration devrait empêcher que des hommes fussent ainsi aventurés dans des lieux trop éloignés, où la sécurité n'existe pas. J'ai rencontré des faucheurs au milieu de la Mitidja, à plus de trois-quarts de lieue de l'enceinte de Boufarik ; chaque jour il en disparaissait quelques-uns. Un propriétaire, qui possède plusieurs milliers d'hectares aux environs d'Alger, avait affermé à seize familles l'exploitation des foins de *Déchioued*; ces familles n'ayant pas osé s'aventurer dans cette partie du Sahel, sans protection suffisante, le propriétaire, son bail à la main, voulait les forcer, par autorité de justice, à se faire couper le cou pour lui donner un revenu !

Il est loin de ma pensée d'accuser les colons et propriétaires d'Afrique de la malheureuse situation économique dans laquelle nous avons trouvé l'Algérie. Ils ont fait tout ce qui dépendait d'eux, dans la condition où ils étaient placés ; quelques-uns même ont fait beaucoup plus qu'ils n'auraient dû, s'ils n'avaient consulté que leur intérêt. La colonisation individuelle a créé une ville européenne à la côte d'Afrique, réparé quelques maisons de campagne, rassemblé des consommateurs pour les produits de la future colonie ; il y aurait injustice à lui demander davantage. Elle a démontré, par des expériences concluantes, presque toujours faites à ses dépens, que le sol de l'Algérie tenait en réserve de magnifiques récompenses pour le travail, lorsque le travail pourrait s'adresser à lui avec des forces suffisantes; mais il ne dépendait pas d'elle de créer, avec ses seules ressources, les conditions nécessaires à l'existence d'une véritable colonie.

CONCLUSION.

La douzième année de l'occupation française en Algérie s'ouvre sous des auspices de deux sortes, d'un caractère tout opposé. D'un côté, en Afrique, des signes heureux se manifestent. Les deux dernières expéditions, dans lesquelles le système de guerre que nous avons exposé a été vigoureusement pratiqué, ont beaucoup avancé la conquête matérielle du pays. Les faits ont dépassé nos prévisions, et les résultats obtenus dans les dernières campagnes ont été plus complets et plus décisifs qu'on ne devait l'espérer. La résistance organisée des Arabes, le plus grand obstacle qui s'opposait à notre établissement, est sérieusement entamée. Il a suffi d'une année de guerre bien faite, de guerre vraiment africaine, pour déterminer la soumission de plusieurs tribus importantes, et rompre enfin, sur plusieurs points, cette ligue du fanatisme arabe, si habilement formée contre nous par Abd-el-Kader. Nous avons parcouru et foulé le pays ennemi, en prouvant par des actes énergiques que nous voulions rester les maîtres; et déjà on est disposé à voir en nous des dominateurs légitimes, par cela seul que nous avons su mettre la force de notre côté, en présence même des armées arabes et de leur chef, impuissant à protéger ceux auxquels il prétend commander. La fraction insoumise des Douairs et des Smélas, qui fournissait jusque-là au prétendu sultan ses meilleurs cavaliers, est venue rejoindre l'étendard de son ancien chef, le vénérable Moustapha-Ben-Ismaël, qui commande aujourd'hui mille cavaliers arabes. De belliqueuses tribus de la Tafna, décidées à passer du côté où elles ont reconnu la force, ont tourné leurs armes contre Abd-el-Kader : elles ne veulent plus d'un chef que la fortune abandonne, qui ne sait plus que lever des impôts en fuyant, sans donner en échange protection ni butin.

Toutes les tribus de l'ouest sont ébranlées; si elles résistent encore, c'est qu'elles doutent de notre persévérance, et qu'elles craignent les conséquences d'une défection prématurée. Elles savent, par de tristes expériences, que les nouveaux conquérants avancent souvent pour reculer, et qu'ils ont plus d'une fois abandonné à la vengeance de l'émir ceux qui avaient cru à leur puissance. Si la nécessité présente les appelle à nous, la crainte de l'avenir et le souvenir de nos fautes les en éloignent encore. Elles ne doutent pas que nous ne finissions par rester les maîtres du pays, si nous le voulons : il ne nous reste plus qu'à leur prouver que nous en avons la volonté comme nous en avons la force; et, si elle est bien faite, cette démonstration sera bientôt achevée! La fidélité même des combattants réguliers d'Abd-el-Kader est chancelante. La preuve de ce fait nous est acquise; plus d'un de nos officiers a entendu leurs murmures; leur mécontentement et leur découragement sont connus; ils ne veulent plus d'une guerre où il n'y a pour eux à gagner que des coups et des fatigues. Quelle heureuse situation comparée à ce qu'elle était il y a une année encore! Le but définitif de la conquête, qui semblait alors perdu dans un avenir inaccessible, s'est tout d'un coup rapproché au point de se laisser facilement découvrir, et, pour ainsi dire, toucher des yeux. Encore un peu de persévérance, et un seul effort peut-être nous amènera jusqu'à lui; et les tribus hostiles de l'ouest accepteront et subiront notre domination aussi docilement que les tribus de Constantine! Aux yeux des Arabes, le pouvoir qui vient de la force vient de Dieu, et la résignation à la fatalité est un acte de foi!

Mais, hélas! la question d'Afrique s'annonce d'un autre côté sous des auspices bien différents.

Pendant qu'elle fait de rapides progrès en Algérie, de grands dangers la menacent en France. Oui, je le dis avec regret, avec tristesse, les plus grands obstacles qui s'opposent à la véritable conquête du nord de l'Afrique ne sont pas en Algérie, mais en France! Cette vérité est pénible à exprimer, pénible surtout à démontrer; mais l'intérêt de la question que nous essayons de servir, nous fait un devoir de la dire sans ménagement ni réserve.

En France, dans notre gouvernement, la question d'Afrique n'a fait qu'un seul progrès réel depuis onze ans : la conservation de l'Algérie paraît désormais placée en dehors des hésitations du gouvernement et définitivement acceptée comme une nécessité, sinon encore comme un devoir. L'engagement est positif, irrévocable. Il y a quelques jours, en ouvrant la session de 1842, le roi, en présence des chambres, donnait à l'Algérie le nom de « *terre désormais et pour toujours française,* » déclaration solennelle qui aurait produit un meilleur effet si elle n'avait pas été précédée de ces paroles obscures dont l'interprétation peut donner lieu à de graves inquiétudes : « J'ai pris des mesures pour qu'aucune complication extérieure ne vînt altérer la sécurité de nos possessions d'Afrique. »

En prenant la déclaration royale dans le sens le plus favorable à la question d'Alger, elle ne nous paraît pas suffisante, à beaucoup près, pour nous rassurer sur le sort de ce grand intérêt national. En effet, la conservation définitive de l'Algérie n'est possible qu'à la condition de soumettre les tribus arabes par la force et d'occuper le sol par la colonisation et la culture. En dehors de cette condition, que nous avons étudiée sous son double aspect, notre présence en Afrique n'est que provisoire et momentanée, et les plus solennelles déclarations du gouvernement n'auront jamais la vertu de conserver à la France une conquête purement nominale, ruineuse et inachevée.

Or, rien ne nous indique que cette condition indispensable de la conservation de l'Algérie soit mieux comprise aujourd'hui ou plus franchement acceptée par le gouvernement qu'elle ne l'était il y a quelques années, à l'époque du traité de la Tafna par exemple ; et c'est de là, de l'irrésolution et, il faut dire le mot, de l'ignorance du pouvoir, que viennent tous les dangers dont la question d'Afrique est en ce moment plus menacée que jamais. Un fait tout récent, dont les conséquences ne nous sont pas encore connues, vient de renouveler en Afrique une de ces grandes fautes auxquelles on est en droit d'attribuer la stérilité de l'occupation française. Nous voulons parler de l'incompréhensible mission du général Rumigny en Algérie. La mobilité des gouverneurs a été jusqu'ici, de l'aveu de tout le monde, le plus grand obstacle à la conquête et à l'établissement colonial; et voici que, sans tenir compte de l'expérience, au moment même où il déclare sa ferme volonté de conserver l'Algérie, le gouvernement de la France ne craint pas de se jeter encore une fois, et comme à plaisir, dans une faute qui a rendu la conservation douteuse jusqu'à ce jour, et qui, si on y persiste, doit la rendre impossible! La nomination du général Rumigny est évidemment une préparation à un changement de gouverneur en Afrique, ou elle n'a pas de sens. En effet, s'il est vrai que le général Bugeaud dût s'absenter pour deux mois, n'était-il pas plus naturel de le remplacer par un des officiers supérieurs de l'Afrique, comme cela se fait pendant la durée des expéditions, que d'envoyer un homme nouveau, étranger aux affaires actuelles de la politique, de la guerre et de la colonisation, et auquel deux mois ne suffiront pas pour prendre seulement connaissance de la situation des choses? Le général Rumigny a été envoyé *pour faire quelque chose* et non pas pour continuer, c'est-à-dire pour remplacer, autrement sa mission ne serait qu'un déplacement inutile.

Et cela n'est pas une supposition gratuite, comme on va le voir. Il nous est prouvé que M. de Rumigny, nommé gouverneur intérimaire de l'Algérie, est allé remplacer un homme qui ne songeait à rien moins qu'à quitter son poste, et qui, quatre jours avant l'arrivée de ce général, ignorait absolument qu'une pareille mission eût été donnée. Il nous a été communiqué une lettre du gouverneur d'Alger, écrite le 10 décembre au soir à un de ses amis, lettre toute remplie de détails personnels, dans laquelle le général Bugeaud se montre activement occupé du fossé d'enceinte, de l'installation des villages dans le Sahel, des événements de l'ouest et où ne se trouve pas la moindre allusion à un projet de départ; et le 14 décembre un gouverneur intérimaire débarquait à Alger !

Le général Rumigny n'est donc pas allé en Afrique pour remplacer le gouverneur, mais, comme nous l'avons dit, pour remplir une mission qu'on ne voulait pas confier au gouverneur actuel ou à laquelle on craignait qu'il refusât de se prêter, c'est-à-dire que l'envoi du général Rumigny doit aboutir à un changement de gouverneur et de système. Et c'est là ce qui nous inquiète. Qu'adviendra-t-il de cette nouvelle et menaçante complication ? nous ne le savons pas encore, mais le temps ne tardera pas à nous l'apprendre.

Dans les circonstances actuelles, un changement de gouverneur et de système serait pour la question d'Afrique la plus grande calamité dont elle ait encore été frappée. Le général Bugeaud a fait la guerre avec ensemble, avec énergie, avec bonheur, et des résultats signalés ont récompensé ses efforts. Le remplacer en ce moment, ne fût-ce que par intérim, c'est compromettre tous ces résultats et ajourner encore une fois la conquête, c'est relever les espérances de notre ennemi, au moment où il est abattu, et justifier les prédictions à l'aide desquelles il essaye de maintenir sa puissance : depuis le mois de juillet dernier Abd-el-Kader ne cesse de promettre aux tribus fatiguées la paix et le rappel du *général d'Alger*. C'est ce que je démontrerai tout-à-l'heure par un fait authentique.

A mon avis, la mission de M. de Rumigny est l'indice d'une réaction, et le gouverneur intérimaire me fait tout l'effet d'un négociateur venu exprès pour préparer et signer un traité. Cette pensée est désespérante! Quoi! après avoir commis déjà deux fois cette grande faute et en avoir été cruellement punis, nous fournirions complaisamment à notre ennemi le moyen de se relever et nous justifierons ses insolentes prophéties! Assurément si Abd-el-Kader avait seul intérêt à un traité, je ne discuterais pas, surtout en ce moment, une supposition outrageante pour le gouvernement et humiliante pour mon pays ; mais, par malheur, il y a en France des gens habiles et influents qui ont intérêt, tout autant que l'émir, à ce qu'il n'y ait jamais en Algérie que des gouverneurs novices, en cours perpétuel d'éducation, que leur inexpérience force d'accepter la souveraineté de la bureaucratie ; les faits sont là pour le prouver : du moment où le maréchal Vallée eut assez avancé son éducation coloniale pour comprendre la question d'Afrique et vouloir la résoudre, il devint impossible et fût rappelé. La question d'Afrique ne peut être résolue que si elle tombe entre les mains d'un homme à qui des succès signalés, une grande influence personnelle ou l'appui de l'opinion donnent l'autorité nécessaire pour accomplir une pareille tâche ; comment la conquête et la colonisation du nord de l'Afrique pourront-elles trouver le chef qu'elles réclament, si on lui refuse à dessein le temps de se former et de se produire ?

La question d'Afrique se trouvant placée en dehors du gouvernement, comme nous l'avons vu, il en résulte que les différents cabinets qui se succèdent en France ne la connaissent guère que comme un embarras politique et financier; aussi, toutes les fois que l'occasion s'en présente, admettent-ils avec empressement les expédients qui leur permettent d'échapper aux charges onéreuses de cette difficile conquête. Les mesures les plus désastreuses, si elles promettent une réduction de dépenses, ne fût-ce qu'une réduction momentanée, ont grande chance d'être adoptées. En ce moment, ce danger est plus imminent que jamais. Les charges de la conquête africaine sont aujourd'hui portées à leur maximum, et la France, inquiète de l'augmentation progressive de ses budjets qui dépassent aujourd'hui les ressources régulières du pays, ne solderait pas sans difficulté et même sans danger, pendant plusieurs années, un budjet de 130 millions, en dehors de ses dépenses ordinaires. Nous regrettons, tout autant que les plus prudents financiers, que la tâche imposée à notre pays par la question d'Afrique soit aussi lourde; mais nous sommes convaincus que le seul moyen raisonnable de l'alléger, c'est d'effectuer promptement la conquête et de préparer la colonisation. Nous ne savons que deux moyens efficaces d'épargner à la France les sacrifices que lui impose la possession de l'Algérie : l'abandon pur et simple ou l'achèvement de la conquête. Ajourner la soumission complète du nord de l'Afrique au moyen d'un traité ou d'une trêve, c'est rejeter lâchement sur l'avenir les difficultés qu'on n'a pas le courage de résoudre; c'est renvoyer aux ministères et aux chambres des années suivantes une responsabilité périlleuse, à laquelle on se déroberait ainsi par un misérable expédient! Que les partisans des économies *quand même* y réfléchissent sérieusement : en ajournant la conquête définitive, ils rendront complétement inutile la dépense de 130 millions qui vient d'être effectuée, et ils mettront la France abusée dans la déplorable nécessité de recommencer, avant quelques années, les énormes sacrifices qu'elle vient de supporter. Trop heureuse encore s'il ne lui en coûte pas le double, en hommes et en argent, pour revenir seulement au point où elle est aujourd'hui !

Il n'y a de paix solide avec les Arabes que

celle qui résulte de la soumission à la force ; la reconnaissance du droit de la force est pour eux un devoir religieux, un acte de foi, comme nous l'avons dit. Une paix obtenue en conséquence d'un traité n'est, au contraire, qu'une trêve momentanée, stipulée dans l'intérêt des deux partis, mais que la religion ordonne de rompre au premier moment favorable. Le vainqueur qui consent à traiter déclare par là que le jugement de Dieu n'est pas irrévocablement prononcé en sa faveur, et le vaincu se reconnaît toujours le droit d'appel. Telles sont les idées des Musulmans et surtout des Arabes sur la différence entre la soumission à la force, au droit de la conquête, et l'observation d'une paix résultant d'un traité avec les infidèles. Cette particularité du caractère arabe m'a été révélée par un mot bien curieux du caïd des Hadjoutes, l'un de nos ennemis les plus acharnés. Par suite des négociations de M. l'abbé Dupuch avec les Arabes, le caïd des Hadjoutes vint plusieurs fois à Alger avec un sauf-conduit. Un jour, on s'entretenait avec lui de la paix ; le caïd en reconnaissait hautement les bienfaits et en avouait le besoin pour sa tribu, qui venait d'être rudement foulée par le général Baraguay-d'Hilliers. Un des premiers magistrats de l'Algérie, qui était présent, faisait valoir les avantages qu'il y aurait pour les deux peuples à vivre toujours en paix. — « Toujours! dit en souriant le caïd; non! *la paix six mois, la guerre six mois!* » Le chef des Hadjoutes trahissait par ces naïves paroles le secret de sa race et de ses croyances : La paix six mois, la guerre six mois! Telle est en effet la paix que les traités nous ont donnée jusqu'ici, telle est celle qu'ils nous donneront toutes les fois que l'on s'adressera à eux!

Il y a déjà longtemps que le gouvernement est tourmenté par cette malheureuse idée d'en finir au moyen d'un traité avec une guerre qu'il ne comprend pas. Elle lui a été suggérée, dès le début de la première campagne du général Bugeaud, par le succès des négociations de l'évêque d'Alger au sujet de l'échange des prisonniers. M. l'abbé Dupuch est sans doute un prélat plein de zèle évangélique et de charité, mais c'est le plus maladroit et le plus dangereux des négociateurs. Ravi du respect que lui témoignaient les chefs arabes et surtout de l'admiration qu'ils manifestaient à la vue de sa robe violette, de la croix d'or et de la mitre, l'abbé Dupuch se crut destiné à devenir le pacificateur et l'apôtre de l'Algérie. Abd-el-Kader avait besoin de la paix, parce que beaucoup de tribus la réclamaient, et il profita adroitement des négociations sentimentales de l'évêque pour faire croire aux Arabes que les Français étaient fatigués de la guerre. Ces pieuses intrigues, habilement exploitées par Abd-el-Kader, ont affaibli l'effet de la vigoureuse campagne que nous venions d'entreprendre, et l'espoir de la paix a empêché les tribus de se soumettre, comme beaucoup d'entre elles étaient disposées à le faire dès ce moment. Je peux en fournir la preuve. Dans les premiers jours du mois d'août, on apprit à Alger que les Hadjoutes, sévèrement châtiés par la razzia que le général Baraguay-d'Hilliers exécuta sur eux à son retour de l'expédition, paraissaient disposés à entrer en arrangement avec nous. Le colonel Blangini, qui connaissait quelques-uns de leurs chefs, se mit en rapport avec eux. On avoua dans cette entrevue qu'on était fatigué de la guerre et qu'on ne pouvait plus la continuer ; mais aux propositions mises en avant par le négociateur pour détacher la tribu de la cause d'Abd-el-Kader, on fit cette étrange réponse : « Qu'il n'était pas nécessaire de se détacher de l'émir et de s'exposer à sa vengeance, puisque lui-même était sur le point de conclure la paix avec les Français ; qu'un seul article était encore en discussion, et que cette difficulté arrangée, le général d'Alger serait rappelé. » Le colonel Blangini eut beau affirmer qu'il n'était pas question de la paix ; que les tribus n'avaient pas d'autre moyen de l'obtenir que de séparer leur cause de celle de l'émir et de se soumettre à la France, on refusa obstinément de croire à ses paroles. « *Tu ne sais pas ce qui se passe*, lui dirent les Hadjoutes ; Abd-el-Kader va faire la paix, et le général d'Alger sera rappelé. » Les mêmes bruits coururent pendant plusieurs jours à Alger ; on annonçait, comme une nouvelle certaine, le prochain rappel du général Bugeaud, et ce qui est assez remarquable, le successeur qu'on lui donnait était précisément le gouverneur intérimaire qui vient d'être envoyé en Afrique, M. le général de Rumigny!

J'espère que les événements refuseront au ministère actuel l'occasion de produire la mauvaise pensée dont la mission du général Rumigny est l'indice. Si les progrès rapides de la conquête promettent au gouvernement les économies qu'il espérait obtenir par un traité, il est probable qu'il laissera marcher la conquête.

Tant que le gouvernement de la France n'aura pas solennellement déclaré et prouvé par des actes, non seulement qu'il est résolu à conserver l'Algérie, *cette terre désormais et pour toujours française,* mais qu'il comprend et accepte les deux grandes conditions sans lesquelles la conservation est impossible, je veux dire la conquête positive et la colonisation, la question d'Afrique sera toujours pour nous un sujet d'inquiétude. La France est chargée en Afrique d'une tâche onéreuse, mais nécessaire, qu'elle ne peut refuser sans compromettre son honneur. Que lui conseillent l'intérêt bien entendu et la sage économie? Est-ce de suspendre momentanément cette tâche au risque de la rendre plus lourde lorsqu'il faudra la reprendre, est-ce de l'accomplir à moitié et d'y travailler toujours sans jamais la finir ? Évidemment les conseils de la véritable économie sont ici d'accord avec ceux de l'honneur et de la gloire : le seul moyen de se débarrasser d'une tâche pénible et onéreuse, c'est, si on ne veut pas l'abandonner, de l'accepter résolument, dans toute son étendue, et de la conduire le plus promptement possible à bonne et glorieuse fin ! Si notre travail avait pour résultat d'amener à cette vérité quelques convictions indécises ou rebelles, nous n'aurions pas le regret d'avoir augmenté le nombre des livres inutiles.

L'opinion publique, souveraine dans notre pays, a sauvé jusqu'ici l'Algérie des hésitations et de la faiblesse du pouvoir ; et si le gouvernement s'est engagé irrévocablement à conserver cette conquête, c'est à son impérieuse exigence qu'il a cédé. Qu'elle continue généreusement l'œuvre qu'elle a commencée ! Puisque la conservation n'est possible qu'à la condition de soumettre le pays et de le coloniser, l'opinion publique doit réclamer l'achèvement de la conquête et la colonisation avec la même unanimité, la même exigence qu'elle a réclamé la conservation. C'est pour elle le moment d'agir, car la question est arrivée aujourd'hui au point où elle doit être irrévocablement résolue.

Une pensée a dominé tout ce travail, c'est celle de la nécessité et de la grandeur de l'œuvre que nous devons accomplir en Afrique. La double conquête que nous avons à réaliser n'intéresse pas seulement l'honneur et la gloire de la France; elle intéresse la civilisation tout entière. Nous avons été choisis par la Providence pour devenir en Algérie les instruments d'une grande chose; les nations nous regardent avec une curieuse anxiété, et Dieu nous attend! Les nations tiennent en suspens au-dessus de nous l'admiration ou le mépris, et Dieu la récompense ou le châtiment!

FIN.

TABLE DES CHAPITRES.

AVERTISSEMENT.   pag.   1

PREMIÈRE PARTIE.

De la conquête de l'Algérie par la guerre; du système d'occupation en Afrique, et de nos rapports avec les indigènes.

CHAP. I. Exposé de la question d'Afrique. — Nécessité de la résoudre.   1
CHAP. II. Nature et but de l'entreprise africaine.   13
CHAP. III. Conquête de l'Algérie par la guerre.   21
CHAP. IV. De nos rapports avec les indigènes. — Des habitants des villes occupées, Maures, Juifs, Kabyles. — Des Arabes de l'intérieur.   69

DEUXIÈME PARTIE.

De la Colonisation.

CHAP. I. Des Colonies en général. — Des différents établissements que l'on désigne sous ce nom et des conditions qui déterminent leur fondation et leurs développement.   119

Chap. II. De la colonisation en Afrique; de sa nécessité comme moyen de compléter, d'assurer et d'utiliser la conquête.   pag.   160

Chap. III. L'Afrique n'est pas colonisable par les seuls efforts des individus ou des compagnies privées; la nature du pays à coloniser, les circonstances économiques et sociales où se trouve la France doivent déterminer la nature et le mode de la colonisation africaine.   187

Chap. IV. Comment il est possible de peupler et de cultiver le nord de l'Afrique. — Emploi de l'armée et organisation des émigrants. — Création de petites communes agricoles. — Projets de M. Stockmar et de M. l'abbé Landmann. — Colonies militaires. — Quel est le rôle utile de la colonisation individuelle? — Nécessité de faire rentrer dans le domaine public, par l'expropriation, les terres appropriées et incultes.   218

TROISIÈME PARTIE.

Examen critique du gouvernement, de l'administration et de la situation coloniale de l'Algérie.

Chap. I. Du gouvernement et de l'administration de l'Algérie.   289

Chap. II. De la population européenne, de ses éléments et de sa valeur comme population coloniale.   342

Conclusion.   374

FIN DE LA TABLE.

IMPRIMERIE D'HIPPOLYTE TILLIARD,
Rue Saint-Hyacinthe-Saint-Michel, 30.

www.ingramcontent.com/pod-product-compliance
Lightning Source LLC
Chambersburg PA
CBHW071239240426
43671CB00031B/1236